中学国語を
ひとつひとつわかりやすく。
[改訂版]

Gakken

みなさんへ

あなたは、言葉をたくさん覚えて、使いこなしていますか？
漢字を正しく読み書きできますか？
自分の考えや意見を、他人に伝えることができますか？
最後まで論理的に話すことができますか？
文章の意味を、「なんとなく」ではなく、正しく読み取っていますか？

これらこそが、国語の学習を通して身につけられる「言葉の力」と「読解力」です。他教科の学習においても、学校や家庭などの日常生活においてもベースとなる、とても大切な力です。

国語が苦手な人でもわかりやすいように、できるだけやさしく書かれたこの本で、この２つの力を基礎《きそ》から少しずつ身につけていきましょう。１冊終わる頃《ころ》には、自分の変化に驚《おどろ》きますよ。

この本の使い方

1回15分、読む→解く→わかる！

１回分の学習は２ページです。毎日少しずつ学習を進めましょう。

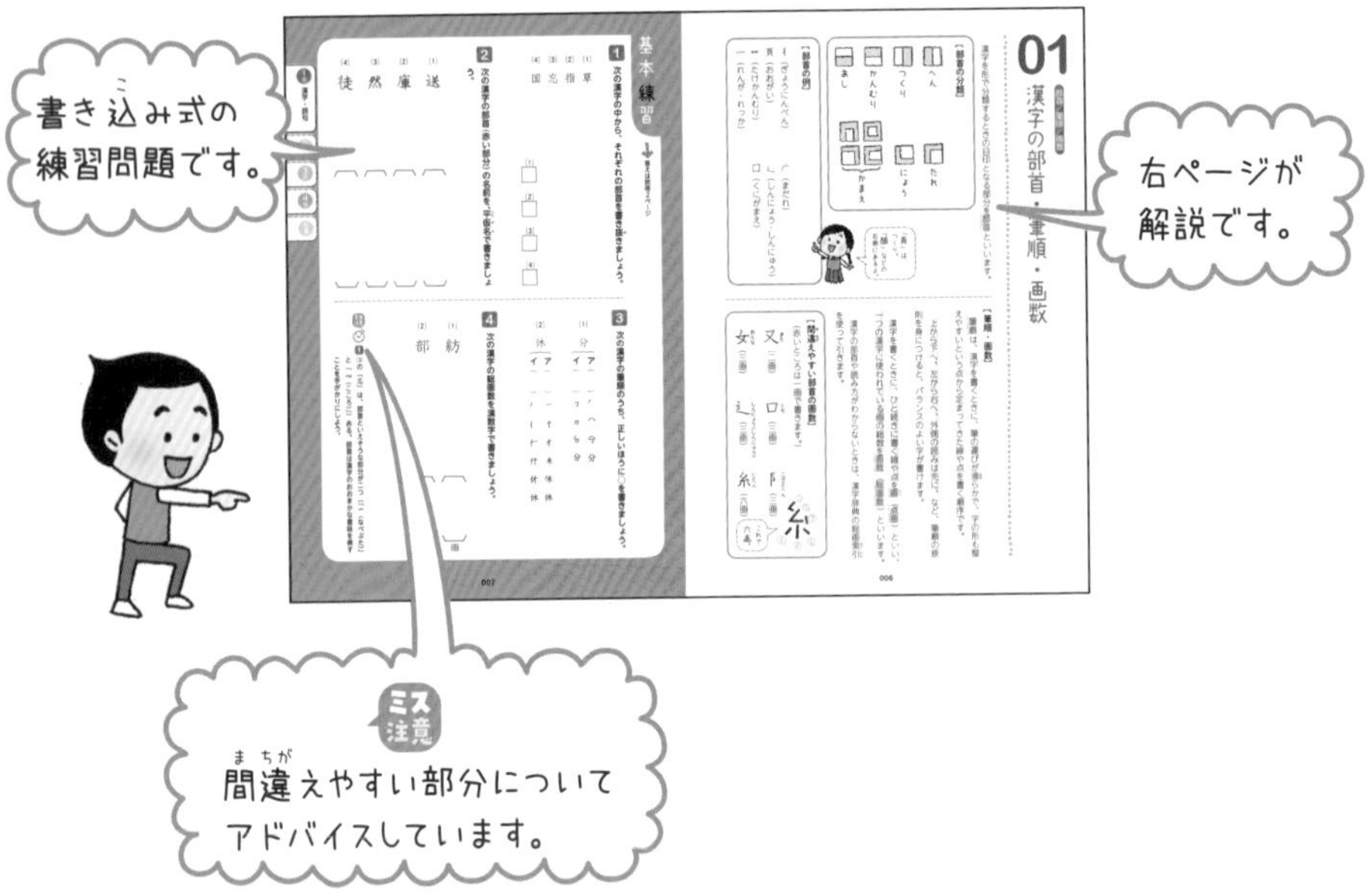

書き込《こ》み式の
練習問題です。
右ページが
解説です。
ミス注意
間違《まちが》えやすい部分について
アドバイスしています。

答え合わせも簡単・わかりやすい！

解答は本体に軽くのりづけしてあるので、引っぱって取り外してください。
答えが見つけやすいので、簡単に答え合わせができます。

復習テストで、テストの点数アップ！

各分野の最後に、これまで学習した内容を確認《かくにん》するための「復習テスト」があります。

学習のスケジュールも、ひとつひとつチャレンジ！

まずは次回の学習予定日を決めて記入しよう！

最初から計画を細かく立てようとしすぎると、計画を立てることがつらくなってしまいます。まずは、次回の学習予定日を決めて記入してみましょう。

1日の学習が終わったら、もくじページにシールを貼《は》りましょう。

どこまで進んだかがわかりやすくなるだけでなく、「ここまでやった」という頑張《がんば》りが見えることで自信がつきます。

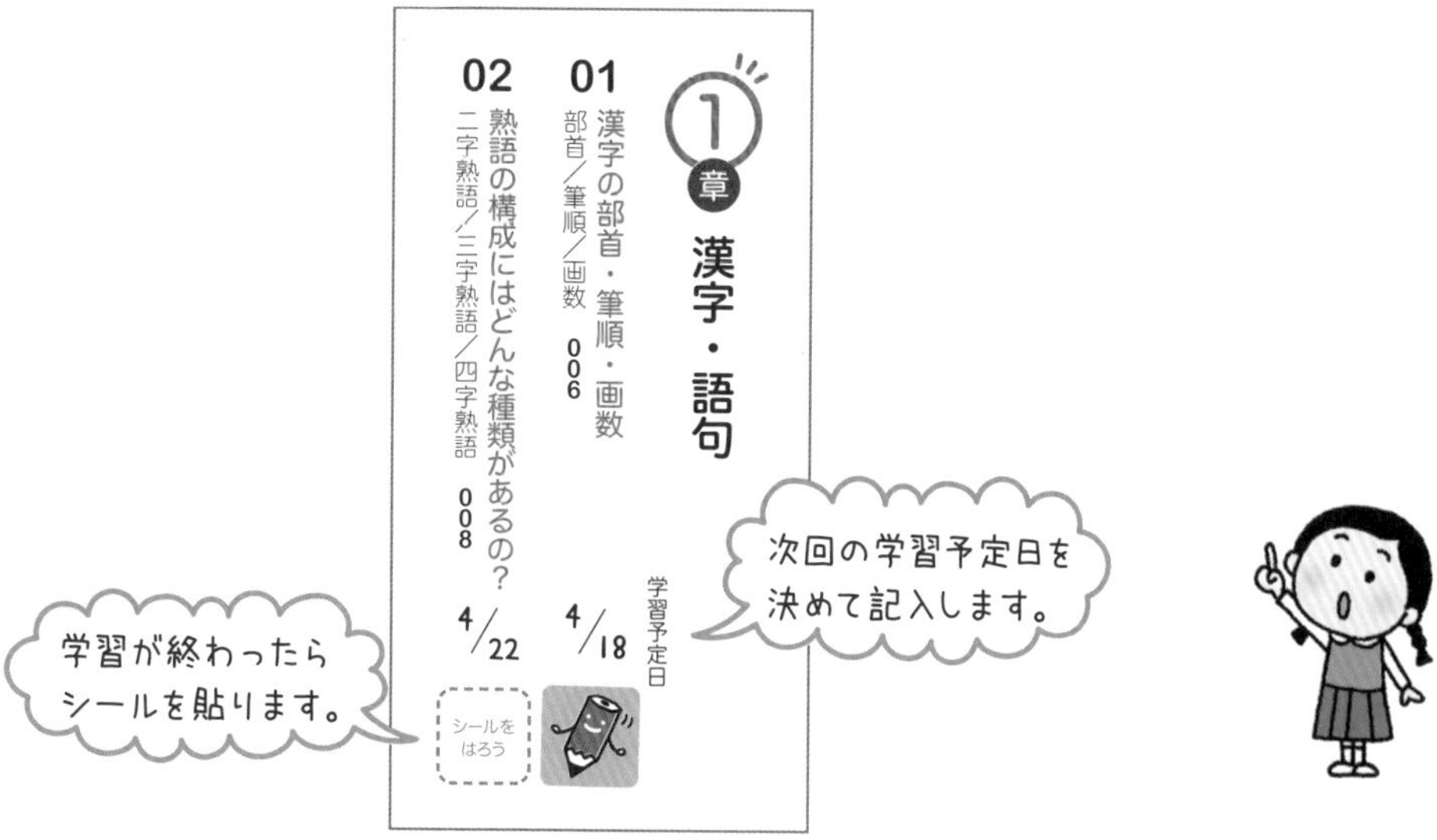

カレンダーや手帳で、さらに先の学習計画を立ててみよう！

スケジュールシールは多めに入っています。カレンダーや自分の手帳にシールを貼りながら、まずは１週間ずつ学習計画を立ててみましょう。

あらかじめ定期テストの日程を確認しておくと、直前に慌《あわ》てることなく学習でき、苦手分野の対策に集中できますよ。

計画どおりにいかないときは……？

計画どおりにいかないことがあるのは当たり前。

学習計画を立てるときに、細かすぎず「大まかに立てる」のと「予定のない予備日をつくっておく」のがおすすめです。

できるところからひとつひとつ、頑張りましょう。

もくじ
中学国語

次回の学習日を決めて、書き込《こ》もう。
1回の学習が終わったら、巻頭のシールを貼《は》ろう。

1章 漢字・語句

2章 文法

3章 文学的文章の読解

4章 説明的文章の読解

5章 古典

巻末資料

わかる君を探してみよう！

この本にはちょっと変わったわかる君が全部で5つ隠《かく》れています。学習を進めながら探してみてくださいね。

色や大きさは、右の絵と違《ちが》うことがあるよ！

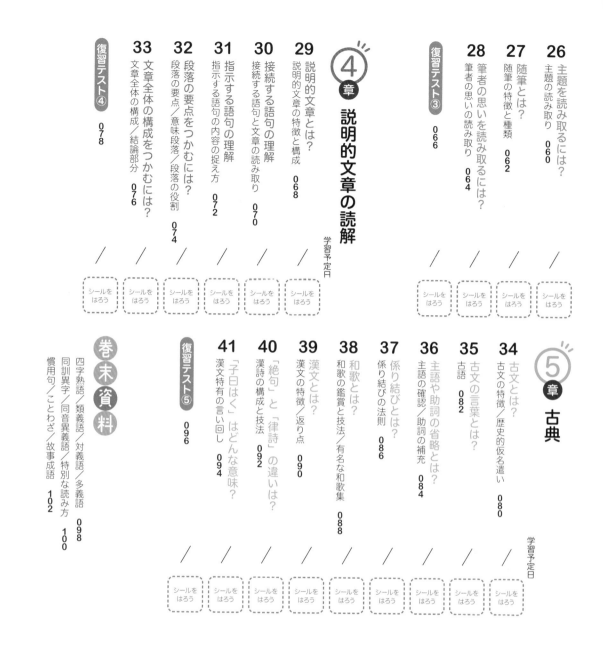

01 漢字の部首・筆順・画数

部首／筆順／画数

漢字を形で分類するときの目印となる部分を**部首**といいます。

【部首の分類】

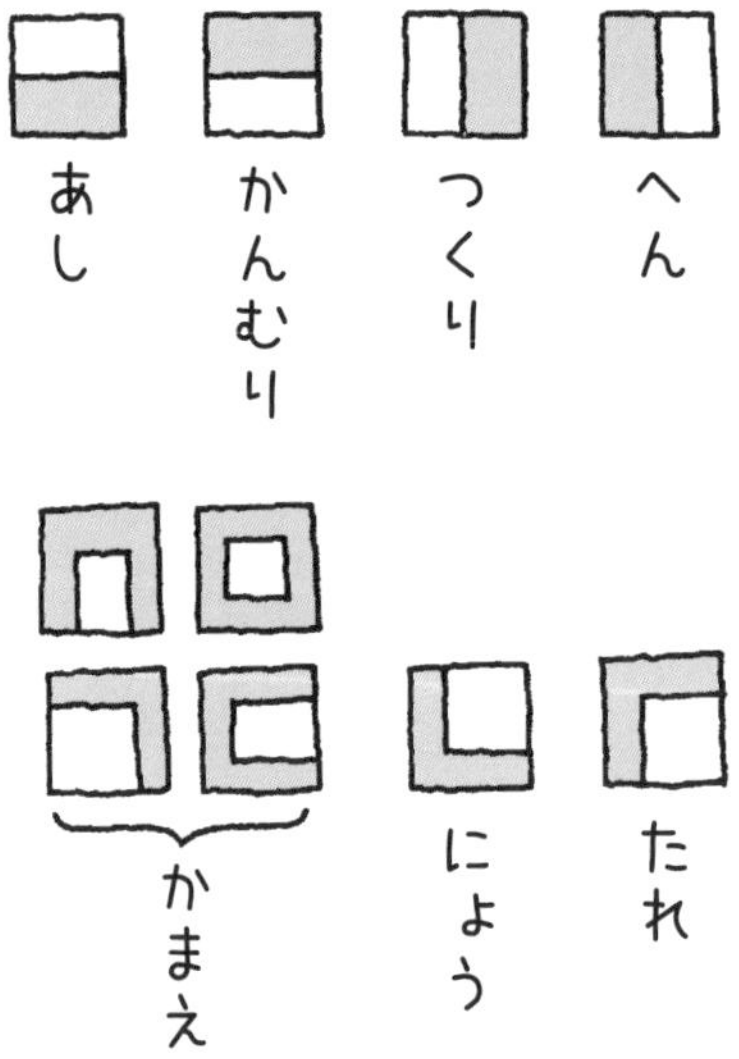

へん
つくり
かんむり
あし
たれ
にょう
かまえ

「頁」は、つくり。「顔」などの右側にあるよ。

【部首の例】

亻（ぎょうにんべん）
頁（おおがい）
竹（たけかんむり）
灬（れんが・れっか）
广（まだれ）
辶（しんにょう・しんにゅう）
囗（くにがまえ）

【筆順・画数】

筆順は、漢字を書くときに、筆の運びが滑《なめ》らかで、字の形も整えやすいという点から定まってきた線や点を書く順序です。

上から下へ、左から右へ、外側の囲みは先に、など、筆順の原則を身につけると、バランスのよい字が書けます。

漢字を書くときに、ひと続きに書く線や点を**画**《かく》（**点画**）といい、一つの漢字に使われている画の総数を**画数**（**総画数**）といいます。

漢字の部首や読み方がわからないときは、漢字辞典の総画索引《さくいん》を使って引きます。

【間違《まちが》えやすい部首の画数】

（赤いところは一画で書きます。）

又《また》（二画）
口《くち》（三画）
阝《こざとへん》（三画）
女《おんな》（三画）
辶《しんにょう（しんにゅう）》（三画）
糹《いとへん》（六画）

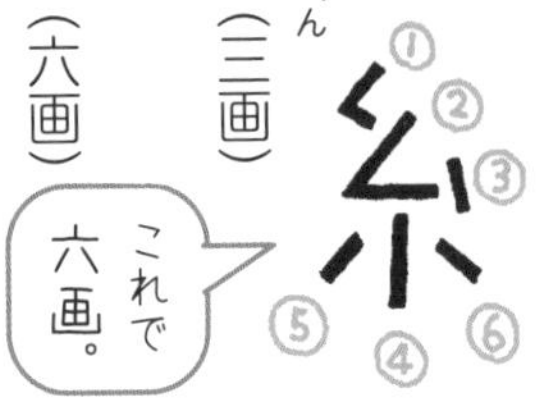

①
②
③
④
⑤
⑥
これで六画。

答えは別冊2ページ

1 次の漢字の中から、それぞれの部首を書き抜《ぬ》きましょう。

(1) 草 (2) 指 (3) 忘 (4) 国

(1) □
(2) □
(3) □
(4) □

2 次の漢字の部首（赤い部分）の名前を、平仮名《ひらがな》で書きましょう。

(1) 送 (2) 庫 (3) 然 (4) 徒

（　　）（　　）（　　）（　　）

3 次の漢字の筆順のうち、正しいほうに○を書きましょう。

(1) 分
ア（　）ノ 八 分 分
イ（　）フ 力 分 分

(2) 休
ア（　）一 十 オ 木 休 休
イ（　）ノ イ 仁 什 什 休

4 次の漢字の総画数を漢数字で書きましょう。

(1) 紡 (2) 部

（　　）画　（　　）画

ミス注意

1 (3)の「忘」は、部首といえそうな部分が二つ（「亠（なべぶた）」と「心（こころ）」）ある。部首は漢字のおおまかな意味を表すことを手がかりにしよう。

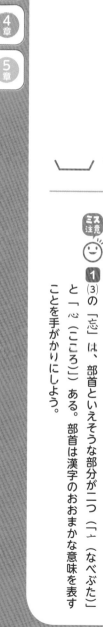

02 熟語の構成にはどんな種類があるの？

二字熟語／三字熟語／四字熟語

二字以上の漢字が結び付いてできた語を熟語といいます。熟語の構成には、いくつかの型があります。

【二字熟語の主な構成】

構成	例
①似た意味の漢字の組み合わせ	身体〔身‖体〕〔だいたい同じ。〕
②意味が対《つい》になる漢字の組み合わせ	明暗〔明↕暗〕
③上が下を詳《くわ》しくする（修飾《しゅうしょく》する）	美声〔美しい→声〕
④上が動作で、下が目的・対象	消火〔消す↑火を〕
⑤主語・述語	国営〔国が→営む〕
⑥上に、打ち消しの意味の漢字が付く	無限〔無い↑限りが〕
⑦下に、作用や状態を表す漢字が付く	強化〔強く→する（化）〕
⑧同じ漢字どうし	人々〔人と人〕〔「々」は繰《く》り返しの符号《ふごう》。〕
⑨長い熟語を省略する	国連〔国際連合〕

【三字熟語の構成】

構成	例
①一字＋二字	不公平・要注意
②二字＋一字	合理的・入学金
③三字が対等	上中下・松竹梅

①は上に「不・無・未・非」が付いたものが多いよ。

【四字熟語の構成】

構成	例
①二字＋二字	自由自在・南極大陸
②四字が対等	東西南北・花鳥風月

「春夏秋冬」も②の構成だね。

〈↓P.98巻末資料参照〉

基本練習

答えは別冊2ページ

1

次の構成に当てはまる二字熟語を、あとから一つずつ選んで書きましょう。

(1) 似た意味の漢字の組み合わせ

(2) 意味が対になる漢字の組み合わせ

(3) 上が下を詳しくする

(4) 上が動作で、下が目的・対象

(5) 主語・述語

(6) 上に、打ち消しの意味の漢字が付く

(7) 下に、作用や状態を表す漢字が付く

暖流　人造　樹木　美化
発着　無縁《むえん》　排水《はいすい》

2

次の三字熟語は、ア「一字＋二字」、イ「二字＋一字」、ウ「一字＋一字＋一字」のうち、どの構成ですか。記号で答えましょう。

(1) 向上心

(2) 新発売

(3) 未公開

(4) 衣食住

3

次の四字熟語の□に当てはまる言葉を、あとから選んで書き入れましょう。

(1) 一進□□

(2) 千差□□

(3) □□大敵

(4) □□半疑

油断　万別《ばんべつ》　一退　半信

ミス注意

1 漢字一字一字の意味を考えて、二字の漢字がどんな関係で結び付いているのかをつかもう。例えば、「暖流」は「暖かい流れ。」のように文の形に言い換《か》えると、構成をつかみやすい。

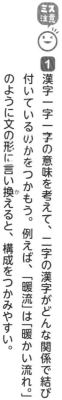

03 言葉の意味と使い分け

類義語／対義語／多義語

ひとつひとつの言葉の意味を理解して、関係のある言葉を組にして覚えたり、複数の意味をもつ言葉を正しく使い分けたりしましょう。

似た意味をもつ言葉どうしを**類義語**といいます。類義語には、意味が微妙《びみょう》に異なるものや、語感が違《ちが》うものがあります。

【類義語の例】

永久―永遠　ためる―蓄《たくわ》える　買い物―ショッピング

類義語には、意味が一致《いっち》する部分と一致しない部分があります。

着く
届く
○山頂に着く。
×山頂に届く。
○手紙が着く。
○手紙が届く。
×思いが着く。
○思いが届く。
うまくいきますように。

〈→P.99巻末資料参照〉

意味が反対の関係や対《つい》の関係にある言葉どうしを**対義語**といいます。対義語は、ある点で意味が対立しています。

【対義語の例】

多い⟷少ない（量や程度という点で対立。）

軽視⟷重視（ものの見方という点で対立。）

貸す⟷借りる（受け渡《わた》しの立場という点で対立。）

守備
攻撃《こうげき》

〈→P.99巻末資料参照〉

一つの言葉で複数の意味や用法をもつ言葉を**多義語**といいます。

【多義語の例】

薄《うす》い

- 壁《かべ》が薄い。（厚みが少ない。⟷厚い）
- 味が薄い。（味や色があっさりしている。⟷濃《こ》い）
- 関心が薄い。（物事の程度が少ない。）

〈→P.99巻末資料参照〉

答えは別冊2ページ

1 次の言葉の類義語になるように、あとの平仮名《ひらがな》を漢字に直して□に書き入れましょう。

(1) 簡潔―簡□
(2) 方法―手□
(3) 関心―□味
(4) 賛成―□意

きょう　こう　たん
だん　どう　はん

2 次の文に合うほうに○を書きましょう。

(1) ごみをそんなに｛ア（　）蓄える　イ（　）ためる｝のはよくない。

(2) 詩に描《えが》かれている情景を｛ア（　）想像　イ（　）空想｝する。

3 次の言葉の対義語を、□に漢字一字を補って完成させましょう。

(1) 理想↕現□
(2) 必然↕□然
(3) 間接↕□接
(4) 重厚↕□薄《はく》

4 次の文の――線部と同じ意味で使われているものを選び、記号で答えましょう。

(1) 五分後にバスが出る。
ア 部屋から出る。　イ 月が出る。
ウ 旅に出る。　エ スピードが出る。
□

(2) 採点の基準が甘《あま》い。
ア 甘い音色の演奏。　イ 切れ味の甘いナイフ。
ウ 甘い紅茶を飲む。　エ 父は妹に甘い。
□

ミス注意

4 (1)「五分後にバスが出る。」の「出る」は「出発する」、(2)「採点の基準が甘い。」の「甘い」は「厳しくない」という意味。(1)は「出発する」、(2)は「厳しくない」に言い換《か》えられるものを選ぼう。

04 同じ読みの言葉

同訓異字／同音異義語

訓読みが同じで、意味の異なる言葉を**同訓異字**といいます。
これらを文中で使うときには、文の意味に合ったものを選んで書きます。

【同訓異字の例】

すすめる

・時計の針を**進める**。（前におしすすめる。）
・陸上部への加入を**勧**《すす》**める**。（その気になるように言う。）
・候補者として彼《かれ》を**薦**《すす》**める**。（選ぶことを提案する。）

どの漢字を使うか迷ったら、意味の似た熟語に置き換《か》えてみましょう。

・時計の針を前進させる。
・陸上部に勧誘《かんゆう》する。
・候補者として彼を推薦《すいせん》する。

〈→P.100巻末資料参照〉

音読みが同じで、意味の異なる言葉を**同音異義語**といいます。
二字熟語の同音異義語では、一字が共通する場合と、二字とも異なる場合とがあります。

【同音異義語の例】

タイショウ

・**対象**にピントを合わせる。（行為《こうい》の目当てとなるもの。）
・窓の位置が左右**対称**《たいしょう》だ。（互《たが》いに対応してつり合っていること。）
・二つのグラフを**対照**する。（照らし合わせて比べること。）

カンキ

・窓を開けて**換気**《かんき》する。（空気を入れ換えること。）
・関係者に注意を**喚起**《かんき》する。（呼び起こすこと。）
・会場から**歓喜**《かんき》の声が上がる。（非常に喜ぶこと。）

〈→P.100巻末資料参照〉

基本練習

答えは別冊2ページ

1 次の文に合うほうに○を書きましょう。

(1) 暑い日には、喉《のど》が{ア（　）乾《かわ》く イ（　）渇《かわ》く}。

(2) 金魚を池に{ア（　）放す イ（　）離《はな》す}。

(3) 夏休みに、身長が三センチ{ア（　）伸《の》びた イ（　）延びた}。

(4) 悪いことをしたら、素直《すなお》に{ア（　）謝《あやま》ろう イ（　）誤ろう}。

2 次の文に合うものに○を書きましょう。

(1) 読者の{ア（　）対称 イ（　）対象 ウ（　）対照}は、二十代の女性です。

(2) 選手たちの{ア（　）歓喜 イ（　）換気 ウ（　）喚起}にあふれた顔が並んだ。

(3) 担当者たちの責任を{ア（　）追求 イ（　）追及《ついきゅう》 ウ（　）追究}するべきだ。

ミス注意

2 (3) 「追求」は「(手に入れたいものを) 追い求めること」、「追及」は「どこまでも探《さぐ》って、問い詰《つ》めること」、「追究」は「深くつき詰め、明らかにしようとすること」。

05 慣用句とは？

慣用句

二つ以上の単語が結び付いて、全体で特定の意味を表すものを**慣用句**といいます。

慣用句には、体の部分を表す言葉を使ったものが多くあります。

【体の部分を表す言葉を使った慣用句の例】

目

・**長い目で見る**（現在のことだけで判断せず、気長に見守る。）

・**目が肥える**（価値のあるものを見定める力がある。）

・**目に余る**（やることがひどいので、黙《だま》って見ていられない。）

手

・**手が足りない**（働く人が足りない。）

・**手に余る**（自分の能力では処理できない。）

こっちもお願い！
あれやって!!
すぐにきて!!
手に余る

足

・**足が出る**（費用が予算より多くかかる。）

・**足を洗う**（好ましくない職業や行いをやめる。）

予算	1000円
費用	1050円
50円	「足が出る」

他にも、体の部分を表す言葉を使ったものは数多くあります。

・**鼻が高い**（誇《ほこ》らしく思う。）　・**口を割る**（白状する。）

・**腕《うで》が上がる**（上手になる。）　・**腹を割る**（本心を打ち明ける。）

・**肩《かた》をもつ**（味方をする。）　・**胸を打つ**（感動させる。）

〈→P.102巻末資料参照〉

動植物や衣食住など、身近な物事に関係のある言葉を使った慣用句も数多くあります。

・**馬が合う**（気が合う。気持ちがぴったりと合う。）

・**根も葉もない**（なんの根拠《こんきょ》もない。）

・**お茶を濁《にご》す**（いいかげんなことを言って、その場をごまかす。）

・**油を売る**（無《む》駄《だ》話などをして、仕事を怠《なま》ける。）

〈→P.102巻末資料参照〉

基本練習

答えは別冊2ページ

1 **次の〔　〕に体の部分を表す言葉をあとから選んで書き入れ、慣用句を使った文を完成させましょう。**

(1) 予算より五千円も〔　　〕が出てしまった。

(2) 〔　　〕が足りないので、アルバイトを雇《やと》った。

(3) この絵を選ぶとは、彼《かれ》は〔　　〕が肥えている。

目　手　舌　足

---

2 **次の文の――線部を、〈　〉の体の部分を表す言葉が入った慣用句を使って書き直しましょう。**

(1) 御《ご》両親は、立派な息子《むすこ》さんがいて、誇らしいでしょう。〈鼻〉

〔　　〕

(2) 兄との言い争いで、母は私の味方をしてくれた。〈肩〉

〔　　〕

3 **次の〔　〕に漢字一字を書き入れ、〈　〉内の意味の慣用句を完成させましょう。**

(1) 〔　　〕を売る〈無駄話などをして、仕事を怠ける。〉

(2) 根も〔　　〕もない〈なんの根拠もない。〉

ミス注意

1 (3)は「この絵を選ぶとは」とあるので、よいものを見慣れていて、見定める力があるという意味になるようにしよう。

06 ことわざ・故事成語とは?

ことわざ/故事成語

昔から世間に広く言い伝えられてきた、生活上の知恵《ちえ》や教訓が込《こ》められた言葉を**ことわざ**といいます。

【ことわざの例】

・**石橋《いしばし》をたたいて渡《わた》る**
（とても用心深く物事を行う。）

・**弘法《こうぼう》にも筆《ふで》の誤《あやま》り**
（その道に優《すぐ》れた人でも、ときには失敗をする。）

・**早起《はやお》きは三文《さんもん》の徳《とく》〔得《とく》〕**
（早起きをすれば、何か良いことがある。）

・**短気《たんき》は損気《そんき》**
（短気を起こすと、結局は失敗して損をする。）

・**百聞《ひゃくぶん》は一見《いっけん》にしかず**
（話を何度も聞くより、一度実際に見るほうがよくわかる。）

〈→P.102巻末資料参照〉

昔から伝わっている、いわれのある事柄《ことがら》や出来事（故事《こじ》）からできた言葉を、**故事成語**といいます。中国の古典の中から生まれたものが多く、人生上の知恵や教訓的な意味をもっています。

【故事成語の例】

・**温故知新《おんこちしん》**
（昔の物事を調べ、そこから新しい知識や考えを引き出すこと。）

・**漁夫《ぎょふ》〔漁父《ぎょふ》〕の利《り》**
（二者が争っているすきに、関係ない人が利益を横取りすること。）

・**五十歩百歩《ごじっぽひゃっぽ》**
（違《ちが》うように見えても、実際はほとんど変わりがないこと。）

・**四面楚歌《しめんそか》**
（自分の周りがみな敵で、助けもなく孤立《こりつ》すること。）

・**推敲《すいこう》**
（詩や文章の表現を、何度も練り直すこと。）

〈→P.103巻末資料参照〉

答えは別冊2ページ

1 **次の文の□に当てはまることわざをあとから選び、記号で答えましょう。**

(1) いつまで寝《ね》ているの。□と言うでしょう。　□

(2) 兄はとても用心深くて、□という性格だ。　□

(3) □だから、実物を見に行こう。　□

ア 百聞は一見にしかず　**イ** 短気は損気

ウ 石橋をたたいて渡る　**エ** 早起きは三文の徳

2 **次の状況《じょうきょう》に当てはまる故事成語をあとから選び、記号で答えましょう。**

僕《ぼく》と兄が一個残ったケーキをどちらが食べるか口論している間に、弟に食べられてしまった。　□

ア 画竜点睛《がりょうてんせい》　**イ** 蛇足《だそく》

ウ 五十歩百歩　**エ** 漁夫の利

---

3 **次の文の□に当てはまる故事成語をあとから選び、記号で答えましょう。**

(1) 小説家は、作品を完成させるまでに□を重ねるものです。　□

(2) 両親も友達もみな、私の計画に反対していて、まさに□の状態だ。　□

ア 四面楚歌　**イ** 推敲

ウ 背水《はいすい》の陣《じん》　**エ** 温故知新

ミス注意

3 (2)は、周囲の人が「私の計画に反対していて」、「私」が助けもなく孤立している状態であることを表す故事成語を選ぼう。

07 敬語にはどんな種類があるの？

尊敬語／謙譲語／丁寧語

敬語は、相手や話題の中の人に対して、敬意や丁寧《ていねい》な気持ちを表す言葉です。

敬語は、敬意の表し方によって、**三種類**に分けられます。

【敬語の種類】

①尊敬語…相手や話題の中の人の動作や様子を高めて言うことで、その人への敬意を示す言い方。

例 **先生がおっしゃることをノートに書く。**

②謙譲《けんじょう》語…自分や身内の動作などをへりくだって言うことで、相手や話題の中の人への敬意を示す言い方。

例 **私は、先生に意見を伺《うかが》うことにした。**

③丁寧語…聞き手（読み手）に対して丁寧な言葉遣《づか》いをすることで、丁寧さを表す言い方。

例 **僕《ぼく》の兄は高校生です。**

【尊敬語の種類】

①～れる・～られる

例 お客様が帰られる。

②お(ご)～になる

例 先生がお出かけになる。

③特別な動詞

例 行く→いらっしゃる

する→なさる

言う→おっしゃる

食べる→召《め》しあがる

「先生がかばんを**お**持ち**になる**。」は尊敬語。

「先生のかばんを**お**持ち**する**。」は謙譲語。

【謙譲語の種類】

①お(ご)～する

例 私がお客様を駅までお送りすることにした。

②特別な動詞

例 行く→参る・伺う

言う→申す・申しあげる

食べる→いただく

見る→拝見する

【丁寧語】

～です・～ます

～ございます

例 受付はこちらでございます。

基本練習

答えは別冊2ページ

1 次の各文の――線部は、ア「尊敬語」、イ「謙譲語」、ウ「丁寧語」のうちのどれですか。記号で答えましょう。

(1) お客様は一時に来られる予定だ。

(2) 少し申しあげたいことがあります。

(3) 昔は、ここに川が流れていました。

(4) 私が彼《かれ》の御《ご》両親にお会いするのは初めてだ。

(1) □　(2) □　(3) □　(4) □

2 次のうち、敬語が使われていない文を一つ選び、記号で答えましょう。

ア　先生の話されたことが心に残る。

イ　運転手が、車を静かに止めた。

ウ　今日は、図書館は休館日です。

エ　私のほうから伺うつもりだ。

□

3 次の各文の――線部を、特別な動詞を使って、〈　〉に指示された敬語に直しましょう。（――線部だけ直しましょう。）

(1) 熱いうちに、どうぞ食べてください。〈尊敬語〉

〔　　〕

(2) では、ありがたくお先に食べます。〈謙譲語〉

〔　　〕

(3) あそこにいるのは、あなたのお父さんでしょう。〈尊敬語〉

〔　　〕

ミス注意

3 (1)「お食べになって」という言い方も尊敬語だけど、ここでは特別な動詞を使って敬語に直すことに注意しよう。

復習テスト 1

1章 漢字・語句

得点 ／100点

答えは別冊2ページ

1

次の漢字の部首名を平仮名《ひらがな》で、漢字の画数（総画数）を漢数字で書きましょう。【各4点 計16点】

(1) 宅　部首名〔　　〕　画数〔　　〕画

(2) 格　部首名〔　　〕　画数〔　　〕画

2

熟語について、次の問いに答えましょう。【各4点 計24点】

(1) 次の熟語は、あとのどの熟語と構成が同じですか。あとから一つずつ選び、記号で答えましょう。

① 日没《にちぼつ》…□　② 海水…□

ア 貸借《たいしゃく》　イ 着席　ウ 再会　エ 雷鳴《らいめい》

(2) 次の二字熟語に付いて、正しい三字熟語を作れる漢字を、あとから選んで書きましょう。

① 肯定《こうてい》□　② □常識

〔不　無　性　非　的　然〕

(3) 次の□に漢字を補って、四字熟語を完成させましょう。

① 我田《がでん》□□　② 十人□□

3

次の文に合うほうに○を書きましょう。【各4点 計8点】

(1) さまざまな昔話を子供たちに｛ア（　）告げる　イ（　）伝える｝。

(2) 生活習慣を｛ア（　）改善　イ（　）改良｝したほうがいいですね。

4

次の熟語から、対義語を一組選んで書きましょう。【完答6点】

〔楽観　消費　原因　容易　部分　主観　整然　生産〕

□□ ↔ □□

5

次の文の――線部の意味として適切なものをあとから一つずつ選び、記号で答えましょう。【各3点　計6点】

(1) 時間をかける。
ア 影響《えいきょう》を及《およ》ぼす。
イ 上から注ぐ。
ウ 使う。費《つい》やす。

(2) 迷惑《めいわく》をかける。

(1) □　(2) □

6

次の慣用句・ことわざ・故事成語の意味として適切なものを一つずつ選び、記号で答えましょう。【各4点　計12点】

(1) 慣用句「目から鼻へ抜《ぬ》ける」
ア 得意がっている相手をやり込《こ》める。
イ 頭の働きが非常によい。
ウ 一生懸命《けんめい》になる。
□

(2) ことわざ「灯台もと暗し」
ア 身近なことはかえってわかりにくい。
イ 余計なことをして、かえって災《わざわ》いを招く。
ウ 自分のためになる忠告は聞くのがつらい。
□

(3) 故事成語「大器晩成」
ア 大人物は年を取ってから優《すぐ》れた人物になる。
イ 人は、権力のある者の力を利用していばりたがる。
ウ 人生の幸不幸は予測できないものである。
□

7

次の文の――線部を適切な漢字で書きましょう。【各4点　計16点】

(1)
① 朝食は必ず食べるようにツトめています。
② 僕《ぼく》は一学期から、委員長をツトめています。

(2)
① 休日は運動場を市民にカイホウする。
② 人質《ひとじち》は無事にカイホウされました。

(1) ① □　② □
(2) ① □□　② □□

8

次の各文の――線部には敬語が使われています。ア「尊敬語」、イ「謙譲語《けんじょうご》」、ウ「丁寧語《ていねいご》」のうちのどれですか。記号で答えましょう。【各4点　計12点】

(1) そこを右に曲がると駅です。 □
(2) 先生のお宅で、旨の作品を拝見する。 □
(3) 会場の準備をなさるときは、お手伝いします。 □

08 言葉の単位とは?

言葉の単位には、大きいものから順に、**文章・段落・文・文節・単語**の五つがあります。

文章 → 段落 → 文 → 文節 → 単語

文：赤い花が庭に咲《さ》く。

文節：赤い｜花が｜庭に｜咲く

単語：赤い｜花｜が｜庭｜に｜咲く

意味が不自然にならないように、文をできるだけ短く区切ったひと区切りを**文節**といいます。

【文節】

「ね」「さ」「よ」などを入れて、自然に切れる部分が文節の区切り目です。

例　私は〈ね〉昨日〈ね〉図書館で〈ね〉本を〈ね〉借りた。〈よ〉

文節をさらに細かく分けて、意味のある言葉として最小の単位にしたものを**単語**といいます。

【単語】

例　私｜は｜昨日｜図書館｜で｜本｜を｜借り｜た｜。

このような分け方になる理由は、P.40で学習します。

言葉の五つの単位のうち、文法の学習では主に文節と単語について学びます。文節と単語について、ここでしっかり区別しておきましょう。

・文節は、**文の組み立て**〈→P.24・26参照〉を考えるときの基本単位になります。

・単語は、**品詞**〈→P.28参照〉を考えるときの単位になります。

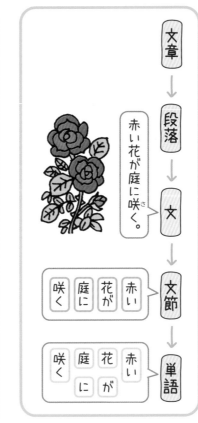

答えは別冊3ページ

1 言葉の単位の大きい順になるように、次の（　）①・②に当てはまる言葉を答えましょう。

文章 → 段落 → 文 →（①）→（②）

①［　　　　］

②［　　　　］

2 次の文を、例にならって、／ね、／さ、／よを使って文節に分けましょう。

例 大空を／ね鳥が／ね飛ぶ。／よ

(1) この本はとてもおもしろい。

(2) 駅前に新しいビルができた。

3 次の文を、例にならって、単語に分けましょう。

例 庭｜に｜猫《ねこ》｜が｜い｜る｜。

(1) プリンの材料は卵と牛乳です。

(2) 私の兄はとても背が高い。

4 次の文を文節に分けたものとして正しいものを選び、記号で答えましょう。

・雪解け水がごうごうと音をたてて流れ始めた。

ア 雪解け水が／ごうごうと／音を／たてて／流れ始めた。

イ 雪解け水が／ごうごうと／音をたてて／流れ始めた。

ウ 雪解け水／が／ごうごう／と／音／を／たてて／流れ始めた。

［　　］

ミス注意

3 文を単語に区切るときは、まず文節に区切ってから、各文節をこれ以上分けることができない単位で区切ると考えやすい。

1章
2章 文法
3章
4章
5章

09 文節どうしの関係

文節は文の中でさまざまな働きをしています。そして、文節どうしはさまざまに関係し合って文を組み立てています。

【主・述の関係（主語・述語の関係）】

「何が・誰《だれ》が」に当たる文節を**主語**、「どうする・どんなだ・何だ・ある・いる・ない」に当たる文節を**述語**といいます。この二つの文節の関係を「**主・述の関係**」といいます。

例 子犬が（主語） 鳴く。（述語） ［主・述の関係］

海が（主語） 静かだ。（述語） ［主・述の関係］

【修飾《しゅうしょく》・被《ひ》修飾の関係】

他の文節を詳《くわ》しく説明する文節を**修飾語**といい、その修飾語によって詳しく説明される文節を**被修飾語**といいます。この二つの文節の関係を「**修飾・被修飾の関係**」といいます。

例 僕《ぼく》は 野球部の（修飾語） 主将です。（被修飾語） ［修飾・被修飾の関係］

【接続の関係と独立の関係】

前後の文や文節をつなぐ文節を**接続語**といいます。接続語とあとに続く文節との関係を「**接続の関係**」といいます。

他の部分と直接関わりがなく、独立性の高い文節を**独立語**といいます。独立語と他の部分との関係を「**独立の関係**」といいます。

例 走った。 しかし、（接続語） 遅刻《ちこく》した。 ［接続の関係］

ああ、（独立語） 疲《つか》れた。 ［独立の関係］

【並立《へいりつ》の関係と補助の関係】

二つ以上の文節が対等の役割で並ぶ関係を「**並立の関係**」、主な意味を表す文節と、そのすぐあとに付いて補助的な意味を添《そ》える文節との関係を「**補助の関係**」といいます。

例 妹と 弟が ［並立の関係］ 仲良く 遊んで いる。 ［補助の関係］

基本練習

答えは別冊3ページ

1 次の各文の、――線部と══線部の文節の関係をあとから選び、記号で答えましょう。

(1) 姉が 買い物に 出かけた。

(2) もしもし、村田《むらた》さんですか。

(3) 友達に 本を 貸して もらう。

(4) 赤ちゃんが 大きな 声で 泣く。

(5) うちの 犬は、白くて 大きい。

(6) 雨が 降り始めた。だから、帰ろう。

ア 主・述の関係　**イ** 修飾・被修飾の関係

ウ 接続の関係　**エ** 独立の関係

オ 並立の関係　**カ** 補助の関係

(1) □　(2) □　(3) □　(4) □　(5) □　(6) □

2 次の各文から、並立の関係にある二文節を書き抜《ぬ》きましょう。

(1) 新しい バッグに ハンカチと 財布《さいふ》を 入れた。

〔　　・　　〕

(2) 私の 兄は とても まじめで 努力家だ。

〔　　・　　〕

3 次の各組の――線部が、補助的な意味を添える語句であるほうを選び、記号で答えましょう。

(1)
ア 机の上に箱がある。
イ 机の上に箱が置いてある。
□

(2)
ア あと三日で夏休みが終わってしまう。
イ ノートを引き出しにしまう。
□

ミス注意

1 (2)「もしもし」は呼びかけの言葉。呼びかけや応答などを表す言葉は独立性が高いことから考えよう。

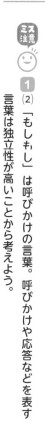

10 文の成分とは？

文の成分／連文節

文節は、それぞれがさまざまな働きをもって文を組み立てています。その各部分を**文の成分**といいます。

【文の成分】

①**主語**…「何が(は)・誰《だれ》が(は)」に当たる文節。

例 私たちは（主語） 博物館に 行った。

②**述語**…「どうする・どんなだ・何だ・ある・いる・ない」に当たる文節。

例 飛行機が 大空を 飛ぶ。（述語）

③**修飾《しゅうしょく》語**…他の文節を詳《くわ》しく説明する文節。

例 鳥が 小枝に（修飾語） とまる。 ←(「とまる」を修飾する)

④**接続語**…あとに続く部分へとつなぐ文節。

例 走ったので、（接続語） 疲《つか》れた。

⑤**独立語**…他の部分と直接関わりがなく、独立性の高い文節。

例 ほら、（独立語） 富士山《ふじさん》が 見えるよ。

二つ以上の文節が集まって、一つの文節と同じ働きをするとき、これを**連文節**といいます。連文節となった文の成分は、「主部」「述部」のように「〜**部**」とよびます。

【連文節】

①**主部**

例 きれいな バラが（主部） 咲《さ》いた。

②**述部**

例 父は、 中学校の 教師です。（述部）

③**修飾部**

例 兄は 大きな 魚を（修飾部） 釣《つ》った。

④**接続部**

例 雨が やんだので、（接続部） 出かけよう。

⑤**独立部**

例 新入生の みなさん、（独立部） 集まって ください。

の部分は、ひとまとまりで一つの文節のような働きをしているね。

基本練習

答えは別冊3ページ

1

次の――線部は、どんな文の成分になっていますか。あとから選び、記号で答えましょう。

(1) 川の 水が 流れる。 □

(2) 彼女《かのじょ》は 優《やさ》しい 人だ。 □

(3) 行列が ゆっくり 進む。 □

(4) おやつ、誰《だれ》かが 向こうから 来る。 □

(5) 疲れたので、夕べは 早く 寝《ね》た。 □

ア 主語　**イ** 述語　**ウ** 修飾語
エ 接続語　**オ** 独立語

2

次の文から〈　〉の文の成分を書き抜《ぬ》きましょう。

(1) 多くの 人が 会場に 集まった。〈主部〉
〔　　〕

(2) 彼《かれ》は 活発な 青年です。〈述部〉
〔　　〕

(3) 私は 冷たい ジュースを 飲んだ。〈修飾部〉
〔　　〕

ミス注意

2 (1)は「何が(は)・誰が(は)」、(2)は「何だ（何です）」、(3)は「何を」に当たる連文節を書き抜こう。

11 品詞とは？

単語は、**自立語**と**付属語**に分けられ、それぞれに**活用**するものとしないものがあります。

【自立語・付属語】

自立語 それだけで意味がわかる単語。一文節に、必ず一つだけ。

付属語 それだけでは意味がわからない単語。自立語のあとに付いて、文節を作る。一文節に複数あることも、一つもないこともある。

あとに続く語によって、単語の形が規則的に変化することを**活用**といいます。

【活用】

例 行く → 行かナイ・行きマス・行けバ

単語の形が変化する

単語を文法上の性質や働きによって分類したものを**品詞**といいます。品詞は、全部で**十種類**あります。

【品詞分類表】

単語
- 自立語
  - 活用する……述語になる（用言）
    - （言い切りの形が）**ウ段の音**で終わる……**動《どう》詞《し》**
    - **「い」**で終わる……**形《けい》容《よう》詞《し》**
    - **「だ・です」**で終わる……**形容動《けいようどう》詞《し》**
  - 活用しない
    - 主語になる（体言）……**名《めい》詞《し》**
    - 主語にならない
      - 修飾《しゅうしょく》語になる
        - 主に用言を修飾……**副《ふく》詞《し》**
        - 体言だけを修飾……**連《れん》体《たい》詞《し》**
      - 接続語だけになる……**接《せつ》続《ぞく》詞《し》**
      - 独立語だけになる……**感《かん》動《どう》詞《し》**
- 付属語
  - 活用する……**助《じょ》動《どう》詞《し》**
  - 活用しない……**助《じょ》詞《し》**

動詞・形容詞・形容動詞をまとめて**用言**といい、**名詞**を**体言**ということも覚えておきましょう。

このあとのページで、品詞の特徴《とくちょう》を学習します。

基本練習

答えは別冊3ページ

1 品詞について、次の問いに答えましょう。

(1) 品詞は何種類ありますか。漢数字で答えましょう。

〔　　　〕種類

(2) 活用しない自立語で主語になる品詞を次から一つ選び、答えましょう。

名詞　副詞　連体詞　接続詞　感動詞

〔　　　〕

(3) 付属語を次から二つ選び、記号で答えましょう。

ア 連体詞　**イ** 接続詞　**ウ** 副詞
エ 助動詞　**オ** 感動詞　**カ** 助詞

□・□

2 次の説明に当てはまる自立語の品詞名を答えましょう。

(1) 言い切ったとき、「だ・です」で終わる。〔　　　〕

(2) 言い切ったとき、ウ段の音で終わる。〔　　　〕

(3) 言い切ったとき、「い」で終わる。〔　　　〕

3 次のうち、一つだけ品詞の異なる単語があります。その単語を答えましょう。

歌う　上がる　飲む　固い　泳ぐ　待つ

〔　　　〕

ミス注意

1 (2) 品詞のうち、活用しない自立語は五つあるが、そのうち四つは単独では主語にならない。「体言」ともよばれる品詞を選ぼう。

12 動詞とは?

動詞は、人や物事の動作・変化・存在（いる・ある）などを表す単語です。

【動詞の特徴《とくちょう》】

①言い切ったとき、**ウ段の音**で終わります。

②それだけで述語になります。

例 お湯が**わく**（述）。

③他の語と結び付いて、主語や修飾語《しゅうしょく》などにもなります。

例 **泳ぐのは**（主）楽しい。　**歌いながら**（修）歩く。

④自立語で、**活用します**。

あとに続く語によって、語の形が**規則的に変化**（活用）します。**活用形**は**六つ**あります。

変化するパターン（活用の種類）は、**五種類**あります。

【活用の種類と活用形】

活用の種類	語例	語幹（変わらないところ）／続き方	未然形	連用形	終止形	連体形	仮定形	命令形
		続き方	ーナイ ーウ ーヨウ	ーマス ータ ーテ	ー。	ートキ ーノデ	ーバ	命令して言い切る
五段活用	打つ	う	ーた ーと	ーち ーっ	ーつ	ーつ	ーて	ーて
上《かみ》一段活用	生きる	い	ーき	ーき	ーきる	ーきる	ーきれ	ーきろ ーきよ
下《しも》一段活用	捨てる	す	ーて	ーて	ーてる	ーてる	ーてれ	ーてろ ーてよ
カ行《ぎょう》変格活用（カ変）	来る（一語だけ）	○*1	こ	き	くる	くる	くれ	こい
サ行《ぎょう》変格活用（サ変）	する	○	さ せ し*2	し	する	する	すれ	しろ せよ

【活用の種類の見分け方】

動詞に「ナイ」を続けて、その前の音を確かめます。

打たナイ　ア段の音ならば → **五段活用**

生きナイ　イ段の音ならば → **上一段活用**

捨てナイ　エ段の音ならば → **下一段活用**

＊1 語幹と活用語尾《ごび》の区別がない。　＊2 サ変の未然形の「せ」は「ぬ」「ず」に,「さ」は「れる」「せる」に続く。

基本練習

答えは別冊3ページ

1 次から、動詞をすべて選んで答えましょう。

作る　吸う　電車　白い　まぶしい
競技　かつぐ　にぎやかだ　曇《くも》り

〔　　　〕

2 例にならって、次の各文の動詞に――線を引きましょう。

例　一日中、本を読む。

(1) 体が水に浮《う》く。

(2) 朝、食事することは、とても大事です。

(3) 洗濯《せんたく》物は僕《ぼく》が干すからね。

(4) 窓から入る風が涼《すず》しい。

3 次の動詞の活用の種類は何ですか。「ナイ」を続けて見分けて、答えましょう。

(1) 集める　〔　　　活用〕

(2) 遊ぶ　〔　　　活用〕

4 次の――線部の動詞の活用形をあとから選び、記号で答えましょう。

(1) 今朝は、朝六時に起きた。　□

(2) 明日晴れれば、出かける予定だ。　□

ア 未然形　**イ** 連用形　**ウ** 終止形
エ 連体形　**オ** 仮定形　**カ** 命令形

ミス注意

4 活用形は、直後にどのような言葉が続くかによっても判断できる。未然形は「ナイ」「ウ」「ヨウ」に、連用形は「マス」「タ」「テ」などに、連体形は体言（名詞）や「トキ」「ノデ」に、仮定形は「バ」に続く。

13 形容詞・形容動詞とは？

形容詞と形容動詞は、人や物事の状態や性質などを表す単語で、言い切ったときの形が、それぞれ次のようになります。

形容詞

＊言い切りの形が「〜**い**」。

形容動詞

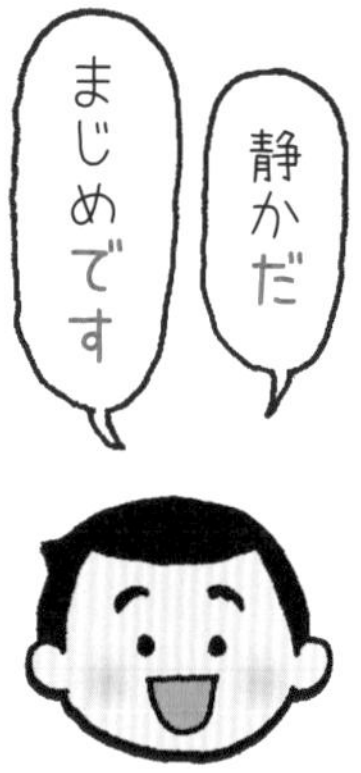

＊言い切りの形が「〜**だ**」「〜**です**」。

高くない
教えてほしい
補助形容詞（形式形容詞）
これらも形容詞。

【形容詞・形容動詞の特徴《とくちょう》】

①自立語で、**活用します。**

例 **形容詞** 早かろう・早かった・早ければ

形容動詞 静かだろう・静かだった・静かならば

②それだけで、述語や修飾《しゅうしょく》語になります。

例 私はうれしい。（述） 紙を青く塗《ぬ》る。（修）

林の中は静かだ。（述） 廊《ろう》下《か》を静かに歩く。（修）

③他の語と結び付いて、主語にもなります。

例 小さいのが私の靴《くつ》です。（主）

まじめなのは弟の長所です。（主）

【形容詞・形容動詞の活用形】

	語例	語幹（変わらないところ）	未然形	連用形	終止形	連体形	仮定形	命令形
	続き方		―ウ	―タ ―ナイ ―ナル	―。	―トキ ―ノデ	―バ	命令して言い切る
形容詞	早い	はや	―かろ	―かっ ―く	―い	―い	―けれ	○＊
形容動詞	静かだ	しずか	―だろ	―だっ ―で ―に	―だ	―な	―なら	○
形容動詞	静かです	しずか	―でしょ	―でし	―です	（―です）	○	○

＊命令形はない。

基本練習

答えは別冊4ページ

1 **次から、形容詞をすべて選んで答えましょう。**

細かい　穏《おだ》やかだ　冷たさ　会う
大きな　柔《やわ》らかい　信じる　速い

〔　　　〕

2 **次から、形容動詞をすべて選んで答えましょう。**

青い　爽《さわ》やかだ　広がる　学生だ　素直《すなお》だ
持つ　ゆっくり　こちら　厳《おごそ》かです

〔　　　〕

3 **例にならって、次の各文の形容詞に――線を引きましょう。**

例 安いほうを買う。

(1) 今日はとても寒い。
(2) 部屋がもう少し広ければ助かるのに。
(3) すばやくボールをキャッチした。

4 **例にならって、次の各文の形容動詞に――線を引きましょう。**

例 空模様が変になってきた。

(1) 母はいつも元気です。
(2) 昨日は、もっと暖かだった。
(3) 静かな暮らしをする。

5 **次の各文から形容詞、または形容動詞を一つずつ選び、終止形にして答えましょう。**

(1) だんだん暑くなってきた。〔　　　〕
(2) あのときはつらかったよ。〔　　　〕
(3) そんなに心配なら、電話します。〔　　　〕

ミス注意 **2** 「～だ」「～です」の形で、状態や性質を表す単語を選ぼう。「～だ」「～です」の形でも、人や物事を表す単語（名詞）に「だ・です」が付いたものは形容動詞ではないので注意しよう。

14 名詞とは？

名詞の種類と働き

名詞は、人や物、事柄《ことがら》などの名前を表す単語です。
名詞のことを**体言**《たいげん》ともいいます。

【名詞の種類】

①**普通**《ふつう》**名詞**…一般《いっぱん》的な物事の名前を表します。

例 本　友達　神社　りんご　旅行

②**固有**《こゆう》**名詞**…人名や地名など、固有の名前を表します。

例 宮沢賢治《みやざわけんじ》　東京　イタリア　徒然草《つれづれぐさ》

③**数詞**《すうし》…数字を含《ふく》み、物の数や順序を表します。

例 一つ　二番目　三時　四メートル

④**代**《だい》**名詞**…人や物、方向などを指し示すのに用いられます。

例 私　君　彼女《かのじょ》　ここ　そちら

⑤**形式**《けいしき》**名詞**…本来の意味が薄《うす》れ、常に直前の修飾《しゅうしょく》語と結び付いて用いられます。普通、平仮名《ひらがな》で書きます。

例 買うことに決めた。　泣くものではない。

小山健太《こやまけんた》
固有名詞
僕《ぼく》
代名詞
中学生
普通名詞
十四歳《さい》
数詞

【名詞の特徴《とくちょう》**】**

①自立語で、**活用しません。**

②それだけで、または他の語と結び付いて、主語になります。

例 〔主〕私、行きます。
〔主〕おなかがすく。

③他の語と結び付いて、述語や修飾語、接続語にもなります。

例 あなたが〔述〕当番です。
僕は昨日、〔修〕山に行った。
〔接〕雨だけれど、出かける。

④独立語にもなります。

例 〔独〕君、待ちなさい。

基本練習

答えは別冊4ページ

1 次から、名詞をすべて選んで答えましょう。

雑だ　ベッド　そちら　悲しい
太平洋　三つ　助ける　だから

〔　　　　〕

2 名詞について、次の問いに答えましょう。

(1) 次から普通名詞を一つ選び、記号で答えましょう。

ア 郵便局　イ 徳川家康《とくがわいえやす》
ウ 琵琶《びわ》湖《こ》　エ 北海道《ほっかいどう》

(2) 次から固有名詞を一つ選び、記号で答えましょう。

ア 私　イ ローマ
ウ バナナ　エ そこ

(3) 次から代名詞を一つ選び、記号で答えましょう。

ア 右側　イ あなた
ウ 中学生　エ 六人

(4) 次から形式名詞を一つ選び、記号で答えましょう。

ア ものを丁寧《ていねい》に扱《あつか》いましょう。
イ 重いものを持って歩くと疲《つか》れる。
ウ 悪口を言うものではない。

3 例にならって、次の各文の名詞すべてに――線を引きましょう。

例 庭にバラが咲《さ》いている。

(1) 『坊《ぼ》っちゃん』は、夏目漱石《なつめそうせき》の作品です。

(2) 英語を習い始めて二年たちます。

4 次の各文の――線部の名詞を含む文節は、どんな文の成分になっていますか。あとから一つずつ選び、記号で答えましょう。

(1) 友人が店に入ってきた。

(2) 風が南から吹《ふ》く。

(3) 待ち合わせは五時だ。

ア 主語　イ 述語　ウ 修飾語
エ 接続語　オ 独立語

(1)　(2)　(3)

ミス注意
2 (4) 「物体」という、本来の意味が薄れているものを選ぼう。

15 副詞とは？

副詞は、動作や状態や程度を詳《くわ》しくする（修飾《しゅうしょく》する）単語です。「ゆっくり」「とても」などが、副詞に当たります。

【副詞の特徴《とくちょう》】

①自立語で、**活用しません。**

②多くは、用言（動詞・形容詞・形容動詞）を修飾します。

例 くっきり見える。（動詞）　とても美しい。（形容詞）　ずいぶんのんきだ。（形容動詞）

③名詞や他の副詞を修飾するものもあります。

例 かなり昔（名詞）　もっとゆっくり（副詞）

副詞は、性質や働きで、三種類に分けられます。

【副詞の種類】

①**状態の副詞**…「どのように」という状態や様子を表します。

例 犬がいきなり走り出した。

走り出したときの様子が「いきなり」。

②**程度の副詞**…「どのくらい」という程度を表します。

例 このケーキはとても甘《あま》い。

「甘い」程度が「とても」。

③**呼応（陳述《ちんじゅつ》）の副詞**…あとに決まった言い方がきます。

例 ちっともわからない。 ← **否定**の表現

例 たぶん来るだろう。 ← **推量**の表現

例 なぜ行かないのか。 ← **疑問**の表現

例 もし読むならば貸すよ。 ← **仮定**の表現

例 まるで石のようだ。 ← **比喩《ひゆ》**の表現

どうぞ見せて。
あとの「ください」を省略しないで言ってほしい……。

1章
2章 文法
3章
4章
5章

1 次から、副詞をすべて選んで答えましょう。

いきなり　不思議だ　すぐに　軽い
ゆっくり　かわいい　そっと　平和

［　　　］

2 例にならって、次の各文の副詞に――線を引きましょう。

例 ただちにそこから去った。

(1) 雲が切れると、ついに山頂が見えたのです。

(2) 昨夜はかなり遅《おそ》くまで起きていた。

(3) ふと、水の流れる音に気づく。

3 次の各文の副詞が修飾している文節を書き抜《ぬ》きましょう。

(1) 母が生まれるよりもっと昔の話です。

(2) 待っていた荷物がやっと届く。

(1)［　　　］　(2)［　　　］

4 次の(1)・(2)の文の□には適切な呼応の副詞を、(3)・(4)の文の□には文中の呼応の副詞に合う言葉を答えましょう。

(1) 夜空の星は□宝石のようだ。

(2) 君が□そんなことを言うのか、わからない。

(3) いくら食べても少しも太ら□。

(4) 彼《かれ》ならたぶん成功する□。

(1)［　　　］　(2)［　　　］
(3)［　　　］　(4)［　　　］

ミス注意
4 (3)・(4)は、まず文中の副詞を探してから、その副詞と結び付く決まった言い方を書こう。

16 連体詞・接続詞・感動詞とは?

連体詞・接続詞・感動詞の種類と働き

活用しない自立語には、名詞・副詞の他に、**連体詞**・**接続詞**・**感動詞**があります。

【連体詞の特徴《とくちょう》】

それだけで、体言や、体言を含《ふく》む文節を修飾《しゅうしょく》します。

例 （修）おかしな音がする。（連体修飾語）

「音」は体言（名詞）。このように、体言を含む文節を修飾する修飾語を**連体修飾語**といいます。

【連体詞の主な型】

「〜の」型	この・その・あの・どの
「〜る」型	ある・あらゆる・いかなる
「〜た（だ）」型	たいした・とんだ
「〜な」型	おかしな・小さな・いろんな

大きな犬がいる。
大きい犬がいる。

「大きな」は連体詞で、「大きい」は形容詞だよ。

【接続詞の特徴】

それだけで接続語になります。

例 風邪《かぜ》をひいた。（修）だから、学校を休んだ。

【接続詞の主な種類】

順接	だから・それで・すると・したがって
逆接	しかし・でも・けれども・ところが
並立《へいりつ》・累加《るいか》	また・そして・そのうえ・しかも
対比・選択《せんたく》	または・一方・あるいは・それとも
説明・補足	つまり・なぜなら・ただし・例えば
転換《てんかん》	さて・では・ところで・ときに

【感動詞の特徴】

それだけで独立語になります。

例 （独）ねえ、虹《にじ》が見えるよ。 （独）わあ、きれいだね。

感動や呼びかけ、応答、挨拶《あいさつ》などを表します。

答えは別冊4ページ

1 **例にならって、次の各文の連体詞に――線を引きましょう。**

例 昨日、ある人から手紙をもらった。

(1) 僕《ぼく》は、友達からおかしな話を聞いた。

(2) もしよかったら、その本を貸してもらえませんか。

(3) どれを選んでも、たいした違《ちが》いはなさそうだ。

(4) どうやったら成功するかを、あらゆる角度から検討する。

2 **次の各文の□に当てはまる接続詞をあとから選び、記号で答えましょう。**

(1) 朝から雨だった。□、野球の試合は行われた。 □

(2) 弟が泣いている。□、道で転んだからだ。 □

(3) 強風が吹《ふ》いている。□、雨も降ってきた。 □

(4) 彼《かれ》は責任感が強い。□、信頼《しんらい》されている。 □

ア だから　イ それとも　ウ なぜなら
エ しかし　オ そのうえ　カ では

3 **次の各文の――線部の接続詞と働きが同じものをあとから選び、記号で答えましょう。**

(1) 必死で走った。でも、バスに乗り遅《おく》れた。 □

(2) 上履《うわば》き、またはスリッパを持参してください。 □

(3) 熱心に練習した。それで、上達も早かった。 □

ア したがって　イ ところで
ウ けれども　エ あるいは

4 **次の各文の感動詞に――線を引きましょう。**

(1) もしもし、森田《もりた》さんのお宅ですか。

(2) あれ、お客様はもうお帰りになったのですか。

(3) では、また明日、さようなら。

(4) いいえ、私はまだその映画を見ていません。

ミス注意 **4** 感動詞は、ほとんどの場合、文頭にあることを覚えておこう。ただし、例外もあるので注意しよう。

17 助動詞とは?

助動詞の意味による分類と働き

助動詞は、用言や体言などのあとに付いて、いろいろな意味や、話し手・書き手の判断を添《そ》える単語です。

【助動詞の特徴《とくちょう》】

①付属語で、**活用します。**

②用言・体言、他の助動詞などのあとに付きます。

例

僕《ぼく》は、中学生です。（体言（名詞））

今日は暑かった。（用言（形容詞））

買い物を頼《たの》まれました。（用言（動詞））

助動詞は、一文節に二つ以上あることもあるよ。

【助動詞の意味による分類】

意味	助動詞	意味	助動詞	意味	助動詞
受け身・自発・可能・尊敬	れる・られる	**使《し》役《えき》**	せる・させる	**希望**	たい・たがる
否定（打ち消し）	ない・ぬ（ん）	**推量・意志・勧誘《かんゆう》**	う・よう	**過去・完了《かんりょう》・存続・想起**	た
丁《てい》寧《ねい》	ます	**推定**	らしい	**推定・比《ひ》喩《ゆ》**	ようだ・ようです
推定・様態／伝聞	そうだ・そうです	**否定の意志・否定の推量**	まい	**断定**	だ・です

複数の意味をもつ助動詞や、見かけが他の語と似ている助動詞に注意しましょう。

【複数の意味をもつ助動詞】

れる・られる

・みんなに褒《ほ》められる。〈受け身〉
・昔のことが思い出される。〈自発〉
・この魚は生で食べられる。〈可能〉
・先生が向こうから来られる。〈尊敬〉

【見かけが他の語と似ている助動詞】

ない

・雨がやまない。〈助動詞・否定〉
・今日は授業がない。〈形容詞〉
・それは、よくない。〈補助形容詞の「ない」。→P.32参照〉
・部屋がきたない。〈形容詞「きたない」の一部。〉

らしい

・兄は行くらしい。〈助動詞・推定〉（どうやらが入れられる。）
・考え方が高校生らしい。〈接尾《せつび》語の「らしい」。〉（いかにもが入れられる。）
・その話はばからしい。〈形容詞「ばからしい」の一部。〉

基本練習

答えは別冊4ページ

1 **次の文のア・イのうち、合うほうに○を書きましょう。**

助動詞は｛**ア**（　）自立語 / **イ**（　）付属語｝で、活用｛**ア**（　）します / **イ**（　）しません｝。

2 **例にならって、次の各文の助動詞に——線を引きましょう。**

例 遠くてよく見えない。

(1) 百メートルを思いきり走った。

(2) 信濃川《しなのがわ》は、日本でいちばん長い川だ。

(3) 午後から雨は上がるそうだ。

(4) 私だけ先に行きます。

(5) 日記を毎日書かせると、文章力がつく。

3 **次の各文の——線部から助動詞を一つ選び、記号で答えましょう。**

(1)
ア 彼《かれ》は子供らしい質問をする。
イ 今日の夕飯はカレーライスらしい。
ウ 日本の連続優勝はとても誇《ほこ》らしい。
□

(2)
ア 暗い道を一人で歩くのは危ない。
イ 今はあまり眠《ねむ》たくない。
ウ 外からはドアが開かない。
□

4 **次の各文の——線部の助動詞「れる」「られる」は、ア「受け身」、イ「自発」、ウ「可能」、エ「尊敬」の意味のうちのどれですか。記号で答えましょう。**

(1) 誰《だれ》かに、後ろから大声で呼ばれる。

(2) 僕はどんなものでも食べられる。

(1) □　(2) □

ミス注意

3 (2)助動詞の「ない」は、「行かない」→「行かぬ」のように、「ぬ」に言い換《か》えられる。「ぬ」に言い換えられる「ない」を選ぼう。

18 助詞とは？

助詞の種類と働き

助詞は、主に自立語のあとに付いて、意味を付け加えたり、語句と語句の関係を示したりする単語です。

【助詞の特徴《とくちょう》】

①付属語で、**活用しません。**

②語句にいろいろな意味を添《そ》えます。

例 今年こそ頑張《がんば》る。（強調）　お元気ですか。（疑問）

③語句と語句の関係を示します。

例 星が光る。（主語を作る）　楽しいから続けよう。（接続語を作る）

今年は頑張る。
今年も頑張る。
今年から頑張る。

【助詞の種類】

格助詞《かくじょし》	主に**名詞（体言）**のあとに付く。文節の関係を示す。	例 が・の・を・に・で
接続助詞《せつぞくじょし》	主に**用言・助動詞**のあとに付く。前後の文節や文をつなぐ。	例 から・が・のに・て
副助詞《ふくじょし》	いろいろな語のあとに付く。さまざまな意味を添える。	例 は・も・こそ・さえ
終助詞《しゅうじょし》	文や文節の終わりに付く。話し手・書き手の気持ちを示す。	例 か・なあ・よ・さ

複数の働きをもつ助詞や、見かけが他の語と似ている助詞に注意しましょう。

【格助詞「の」の用法の区別】

の
- 父の書いた本だ。〈部分の主語を作る。「が」と言い換《か》えられる。〉
- 机の上に花瓶《かびん》がある。〈連体修飾《しゅうしょく》語を作る。「机の」が「上に」を修飾している。〉
- この本は姉のです。〈「〜のもの」と言い換えられる。〉

【「が・に・で」の区別】

が
- 空が青い。〈格助詞〉
- 外は寒いが、中は暖かい。〈接続助詞〉
- 値段が高い。が、品質はよい。〈接続詞〉

に
- 午後は家にいる。〈格助詞〉
- 気持ちが楽になる。〈形容動詞「楽だ」の活用語尾《ごび》。〉
- ついに終わった。〈副詞「ついに」の一部。〉

で
- 庭で遊ぼう。〈格助詞〉
- あれは湖ではない。〈助動詞「だ」の連用形。〉
- 元気でいてください。〈形容動詞「元気だ」の活用語尾。〉

基本練習

答えは別冊5ページ

1 次の文のア・イのうち、合うほうに○を書きましょう。

助詞は { ア（　）自立語 / イ（　）付属語 } で、活用 { ア（　）します / イ（　）しません }。

2 例にならって、次の各文の助詞すべてに——線を引きましょう。

例 花瓶に花をいける。

(1) 足が疲《つか》れたから、少し休もう。

(2) あなたさえよければ、私も行きたい。

(3) 元気を出せよ、君らしくないぞ。

(4) もう帰りたいのに、帰れない。

(5) 今日、僕《ぼく》は図書館に自転車で行った。

3 次の各文の——線部から、格助詞（主に名詞のあとに付く助詞）を一つ選び、記号で答えましょう。

(1)
ア 妹におつかいを頼《たの》んだ。が、断られた。
イ 読みたい本がたくさんある。
ウ 彼《かれ》は、声はよいが、音程が外れる。
□

(2)
ア さすがに前のチャンピオンだ。
イ 部屋を片付けてきれいにする。
ウ 友達に数学を教えてもらう。
□

4 次の各文の——線部の格助詞「の」の働きをあとから選び、記号で答えましょう。

(1) そのおやつは僕のだ。

(2) いちばん背の高い人が兄です。

ア 部分の主語を作る。
イ 「〜のもの」と言い換えられる。
ウ 連体修飾語を作る。

(1) □ (2) □

ミス注意
2 まず、文を文節に区切ってから、さらに単語に分けよう。そのうち、自立語を除いた、活用しない単語が助詞。

復習テスト 2

2章 文法

得点 ／100点

答えは別冊5ページ

1

例にならって、次の文を〈を使って文節に、|を使って単語に分けましょう。【各完答3点 計6点】

例 （文節）天気が〈よい。　（単語）天気|が|よい。

（文節）先生に質問をする。

（単語）先生に質問をする。

2

次の各文の、――線部と‖線部の文節の関係をあとから選び、記号で答えましょう。【各5点 計15点】

(1) 私の妹は、いつも元気で明るい。

(2) 参加者たちは、元気に七キロのコースを走った。

(3) 小さな子供たちが公園で遊んでいる。

ア 主・述の関係　イ 修飾《しゅうしょく》・被《ひ》修飾の関係

ウ 接続の関係　エ 独立の関係

オ 並立《へいりつ》の関係　カ 補助の関係

3

次の各文の主部に――線を、述部に〰〰線を、修飾部に‖線を引きましょう。【各完答5点 計10点】

(1) 高校生の兄が英語の歌を教えてくれた。

(2) きれいな夜空に、大きくて明るい星がまたたいている。

4

次の単語の品詞名をあとから選び、記号で答えましょう。【各5点 計30点】

(1) 赤い　(2) おかしな

(3) 鉛筆《えんぴつ》　(4) にぎやかだ

(5) 喜ぶ　(6) はっきり

ア 動詞　イ 形容詞　ウ 形容動詞

エ 名詞　オ 副詞　カ 連体詞

キ 接続詞　ク 感動詞

5

次の表は、動詞「飲む」の活用表です。空欄《くうらん》①〜③に当てはまる言葉を答えましょう。

【各4点　計12点】

語	語幹＼活用形	(①)形	連用形	終止形	連体形	仮定形	命令形
飲む	の	ま も	み ん	む	②	③	め

①【　　　】形

②【　　　】

③【　　　】

6

次の各文の□□に、呼応の副詞を、平仮名《ひらがな》二字で書き入れましょう。

【各4点　計12点】

(1) □□早く終われば、すぐに駆《か》けつけます。

(2) □□ご家族と一緒《いっしょ》に、三時までにおいでください。

(3) □□、地球や月は丸いのだろうか。

7

次の各文の――線部と、文法的に同じものを一つ選び、記号で答えましょう。

【各5点　計15点】

(1) 明日はもっと暑いらしい。

ア 彼女《かのじょ》は、テレビがあまり好きではないらしい。

イ 最後まで自分一人でやり遂《と》げるなんて彼《かれ》らしい。

ウ あの態度はいかにもわざとらしい。

□

(2) ひろとさんはみんなに好かれる。

ア 祖父の言葉が思い出される。

イ 先生が黒板に数式を書かれる。

ウ にわか雨に降られる。

□

(3) 今日は、どこにも出かけない。

ア 私は飛行機に乗ったことがない。

イ 考えがなかなかまとまらない。

ウ 友達との別れは、せつないものだ。

□

19 詩・短歌・俳句とは？

詩歌の形式と表現技法

詩や短歌、俳句を詩歌《しいか》といいます。

【詩】

作者の感動を、リズムをもつ形式で表した文学です。数行がひとかたまりになった「**連**《れん》」が集まって、全体を構成します。

用語と形式による詩の分類

用語	文語《ぶんご》詩	昔の書き言葉で書かれた詩。
	口語《こうご》詩	現代の言葉で書かれた詩。
形式	定型詩	各行の音数や各連の行数にきまりがある詩。
	自由詩	音数や行数にきまりがない詩。
	散文詩	普通《ふつう》の文章のように書かれた詩。

【短歌】

五・七・五・七・七の**三十一音**で詠《よ》まれた定型詩で、一《いっ》首《しゅ》・二《に》首《しゅ》と数えます。

草わかば　色鉛筆《いろえんぴつ》の　赤き粉《こ》の
ちるがいとしく　寝《ね》て削《けず》るなり
北原白秋《きたはらはくしゅう》

【俳句】

五・七・五の**十七音**で詠まれた定型詩で、一句《いっく》、二句《にく》と数えます。一句に一つ**季語**《きご》（季節を表す言葉）を入れるのがきまりです。

古池《ふるいけ》や　蛙飛《かわずとび》こむ　水のおと
松尾芭蕉《まつおばしょう》

【詩歌の表現技法】

詩歌では、印象を強めたり、あとに味わいを残したりするために、次のような表現技法がよく使われます。

体言止め	文末や句末を体言（名詞）で終わらせる。
倒置《とうち》	普通の言い方と語順を入れ替《か》える。
反復	同じ言葉を繰《く》り返す。
比喩《ひゆ》（擬人《ぎじん》法を含《ふく》む）	別のものにたとえて表す。〔擬人法は人でないものを人にたとえる技法。〕
対句《ついく》	意味や構成が対応するように言葉を並べる。

基本練習

答えは別冊5ページ

1 次の詩を読んで、あとの問いに答えましょう。

くらげ

室生犀星《むろうさいせい》

秋なれば
くらげ渚《なぎさ》に
うちあげられ
＊玻璃《はり》のごとくなりて死す

＊玻璃……水晶《すいしょう》・ガラスの古い言い方。

〈「室生犀星詩集」〈小沢書店〉より〉

(1) この詩は、用語と形式から、どのように分類されますか。次から一つ選び、記号を○で囲みましょう。

ア 文語定型詩　**イ** 文語自由詩
ウ 口語定型詩　**エ** 口語自由詩

(2) この詩に使われている表現技法を次から一つ選び、記号を○で囲みましょう。

ア 比喩（たとえ）　**イ** 倒置
ウ 反復　**エ** 体言止め
オ 対句

2 次の詩歌を読んで、あとの問いに答えましょう。

A いくたびも雪の深さを尋《たず》ねけり　正岡子規《まさおかしき》

B まばらなる冬木林《ふゆきばやし》にかんかんと響《ひび》かんとする青空のいろ　島木赤彦《しまきあかひこ》

(1) 短歌はどちらですか。記号で答えましょう。

(2) **A**の「雪」は冬の季節を表す言葉です。このような言葉を何といいますか。漢字二字で答えましょう。

ミス注意

1 (1) 昔の書き言葉で書かれていれば文語詩、現代の言葉で書かれていれば口語詩。行ごとの音数に一定のきまりがあれば定型詩、一定のきまりがなければ自由詩。

20 詩歌《しいか》の主題を読み取るには?

詩歌の主題の読み取りと鑑賞

詩歌《しいか》は、描《えが》かれている情景を読み味わい、思い浮《う》かべたうえで、主題（作者の感動の中心）をつかむようにします。

【詩を読み取るときに着目する点】

・**詩の題**（主題を捉《とら》える手がかりになることがある）。
・うたわれている**情景**（季節・場所・時刻など）。
・印象深い言葉や**表現技法**。

土　三好《みよし》達治《たつじ》

蟻《あり》が
蝶《ちょう》の羽をひいて行く
ああ
ヨットのやう《ヨウ》だ

（「日本の詩歌―三好達治」〈中公文庫〉より）

詩「土」は、土の上で蟻のひく蝶の羽が、海上を行くヨットの帆《ほ》のように見えたという発見をうたったものです。

蟻が蝶の羽をひいていく描写《びょうしゃ》からは、自然の営み全体への感動も感じられます。

【短歌を読み取るときに着目する点】

・感動や詠嘆《えいたん》を表す「**かな・けり・なり**」など。
・**句切れ**（歌の途中《とちゅう》で意味のつながりが切れる部分のこと。感動の中心があることが多い）。

金色《こんじき》のちひ《イ》さき鳥のかたちして銀杏《いちょう》ちる[なり]夕日の岡に　与謝野晶子《よさのあきこ》

（金色の小さい鳥のような形をして、黄葉したいちょうの葉が舞《ま》い散っているよ、夕日に輝《かがや》く丘《おか》に。）

【俳句を読み取るときに着目する点】

・**季語**（季語から季節感をつかむ）。
・**切れ字**（句の切れ目や末尾《まつび》に使う助詞・助動詞。「や・よ・かな・けり・なり」など。感動の中心があることが多い）。

名月を取つ《ッ》てくれろと泣く子[かな]　小林一茶《こばやしいっさ》

（〈無邪気《むじゃき》に〉空の満月を取ってくれと子供が泣いている。［季語は「名月」で、季節は秋。］）

答えは別冊5ページ

1 次の詩を読んで、あとの問いに答えましょう。

白い馬　高田敏子《たかだとしこ》

波のうしろをはしる波……
波のまえをはしる波……
海には　白い馬が群れている

春の朝
白い馬は　陸に駆《か》けあがり
少年たちの姿になってはしりつづける

やがて
その若い光の一列が
みさきのほうへ曲がってゆく

（「高田敏子詩集」〈花神社〉より）

(1) ――線部「白い馬」は何をたとえていますか。適切なものを次から一つ選び、記号を○で囲みましょう。

ア 雲
イ 光
ウ 波のしぶき

(2) この詩の主題として適切なものを次から一つ選び、記号を○で囲みましょう。

ア 生命力を感じさせる波や少年たちの躍動《やくどう》感。
イ 早朝の海辺の、静けさとのどかさ。
ウ いつまでも寄せては返す波の不思議さ。

2 次の俳句の感動の中心は何ですか。簡潔に答えましょう。

流れ行く大根の葉の早さかな　高浜虚子《たかはまきょし》

〔　　　　〕

ミス注意
2 作者が見ている情景を想像したうえで、切れ字に着目して、作者の感動の中心を読み取ろう。

21 小説とは？

小説の特徴と構成

小説は、作者が想像でつくった人物が架空《かくう》の設定・出来事の中で生きる様子や、人間社会などを描《えが》いた作品です。

作者には作品（話）を通して、友情や親子のきずな、喜びや苦しみなど、読者に伝えたい思いがあります。これを**主題**（**テーマ**）といいます。

小説を国語の学習として読み解くには、文章全体を客観的に読んでいく意識をもつとよいでしょう。どんな場面で何が起きているのか、人物の気持ちはどうかなどを押《お》さえながら読み進めることが大事です。普《ふ》段《だん》の読書とは少し違《ちが》う感覚をもって読んでみましょう。

作品の中に入り込《こ》む。→**読書**

作品を冷静に読む。→**読解**

作者は、読む人が作品の世界をイメージしやすいように、その世界や登場人物の気持ちを細かく描いています。その描写《びょうしゃ》をしっかり押さえていきましょう。

【作品の世界をイメージする手がかり】

場面
- いつ・どこでの話か。
- 登場人物はどんな人か。
- 登場人物は互《たが》いにどんな関係か。

状況《じょうきょう》
- どんなことが起きているか。
- 人物の気持ちはどうか。
- どのように行動しているか。

人物と出来事の関係を押さえることが大切だよ。

また、作品は、多くが次のような組み立てになっています。

初め…どんな設定なのかがわかる。
出来事…何が起きているのかがわかる。
終わり…作者が何を伝えたかったのかがわかる。

読解の文章が長く引用されているときは、その中でも、「初め→出来事→終わり」の組み立てになっていることがあります。

答えは別冊6ページ

次の文章を読んで、下の問いに答えましょう。

「でもさ。章《あきら》くん、中学生のくせにクラシックが好きなんて、なんかへんだと思わない?」

別荘《べっそう》にきて四日目の朝。かんかん照りの太陽の下で、智明《ともあき》と洗濯物《せんたくもの》を干しているうちに、ふとそんな言葉がぼくの口をついてでた。

あとから考えてみると、これは非常に危険な発言だった。そして実際、この一言が今年の夏を、去年までとはまったくべつのものに変えてしまったんだ。

①きっかけは、②朝食の時間のちょっとした出来事。

ハムエッグにソースをかけようとしたぼくに、章くんが「ばか。ソースなんてかけるな。しょうゆで食えよ」と小言を言った。

その瞬間《しゅんかん》だ。ぼくは初めて章くんに対して、素朴《そぼく》な疑問を感じてしまった。どうしてぼくはいつも章くんの言うとおりにしなきゃいけないんだろう?

ふしぎなことに、それまではそんなこと、一度だって考えたことはなかったんだ。章くんは中三で、ぼくらの一番年長で、そもそもこの別荘の主人（の息子《むすこ》）で、だから言うことをきくのはあたりまえだと思っていた。五年前からぼくらはずっとそうしてきたんだし。ときどき面倒《めんどう》くさくなることはあっても、もやもやといやな気分になったのは、本当にそのときが初めてだった。

（森絵都《もりえと》「子供は眠《ねむ》る」『アーモンド入りチョコレートのワルツ』〈角川文庫〉より）

---

(1) 季節はいつで、どんな場所での出来事をめぐる話ですか。□に合うように答えましょう。

季節 □　場所 □□

(2) ――線部①「きっかけ」とありますが、この「きっかけ」の前とあとで、「ぼく」の気持ちはどのように変わったのですか。次の□に当てはまる言葉を、文章中から書き抜《ぬ》きましょう。

・前……章くんの□□□□□□□のはあたりまえ。

・あと…なぜ章くんの□□□□□にしなくてはいけないのだろう。

(3) ――線部②「朝食の時間のちょっとした出来事」があって、「ぼく」が章くんに抱《いだ》いた気持ちを、文章中から十字で書き抜きましょう。

□□□□□□□□□□

22 場面の設定を読み取るには？

時・場所・登場人物の読み取り

描《えが》かれている場面がどのような設定か、次のことに着目して、作品世界の大枠《おおわく》を捉《とら》えましょう。

【作品を読みながら確かめること】

いつの

時代は？
季節は？
時刻は？

どこでの

外国？ 日本？
どの地方？
家？ 学校？

誰《だれ》をめぐる話か

主人公は？
年齢《ねんれい》や性別は？
仕事は？
他の登場人物は？

次の文章を例に見てみましょう。

出だし

小田原熱海《おだわらあたみ》間に、軽便《けいべん》鉄道敷設《ふせつ》の工事がはじまったのは、良平《りょうへい》の八つの年だった。

（小田原熱海：日本の地名。）
（良平：主人公。八歳《さい》の男の子。）

途中《とちゅう》

茶店の前には花のさいた梅に、西日の光がきえかかっている。

（花のさいた梅：季節は早春。）
（西日の光がきえかかっている：夕方。）

（芥川龍之介《あくたがわりゅうのすけ》「トロッコ」『くもの糸・杜子春《とししゅん》（新装版）』〈講談社青い鳥文庫〉より）

作品の大枠を捉えるには、主人公の年齢を押《お》さえることが大切です。年齢によって、作品の世界観、人物の気持ちや考え方や行動の、読者の捉え方も変わるからです。

『トロッコ』では、良平がまだ八歳の子供であることが、山場（クライマックス）の場面の、夜の山道を一人で家まで帰ることになるという出来事を劇的にしています。

基本練習

答えは別冊6ページ

次の文章を読んで、下の問いに答えましょう。

「九月なのになんなんだよ、この暑さは」

ひとりっ子の清人《きよと》が悪態をつくのを谷口謙太郎《たにぐちけんたろう》は黙《だま》ってきいていた。歩道の段差が近づいてきたので、ハンドルに全体重をかけ、まえの車輪を浮《う》かせる。清人は十九歳で、すでに父親の体重を六キロうわまわっていた。なんとか衝撃《しょうげき》を殺して歩道にのりあげる。うまくいった、これで息子《むすこ》に小言をいわれずに済む。

「ったく誰かエアコンつきの車椅子《くるまいす》をつくってくれないかな」

横を歩く妻の真由子《まゆこ》が、清人をのぞきこんでいった。

「そうね。そんなのがあったら楽ね」

このカーボンファイバー製の車輪がついた車椅子だって中型バイクくらいの値段はするのだ。そんなものがあったとしても、とても自分の給料では手がだせないだろう。第一これだって、まだ届いてふた月とたっていない新品だ。謙太郎は汗《あせ》をぬぐってJR高円寺《こうえんじ》駅北口のロータリーに目をやった。

（石田衣良《いしだいら》「青いエグジット」『約束』〈角川文庫〉より）

---

(1) 次の二人の関係を、それぞれ漢字二字で答えましょう。

謙太郎と清人 □□　真由子と清人 □□

謙太郎と真由子 □□

(2) 「清人」は何歳ですか。

（　　　）

(3) 車椅子に乗っている人、車椅子を押している人は誰ですか。名前で答えましょう。

乗っている人（　　　）

押している人（　　　）

(4) この場面の季節と場所として適切なものを次から一つ選び、記号を○で囲みましょう。

ア 初夏で、自宅の前。

イ 初秋で、駅の前。

ウ 初冬で、公園の前。

23 気持ちを読み取るには？

登場人物の気持ちの読み取り

小説の読解の中心は、登場人物の気持ちを読み取っていくことです。その積み重ねが、**主題**をつかむことにつながります。

【気持ちを読み取るときに注目する点】
①気持ちを表す言葉
なな子の胸は
喜びで
いっぱいになった。
喜び
②人物の行動(動作)や様子
一郎《いちろう》は、拳《こぶし》を固く
握《にぎ》りしめた。
怒《いか》り
決意
③人物の発言(会話)や心の中の言葉
私は
そうかなぁ…。
と思った。
疑い
ためらい
④比喩《ひゆ》や情景描写《びょうしゃ》
朝日に木々が
輝《かがや》いている。
希望

読解問題で、気持ちについて問われたら、上の①～④の点に注目してチェックしていくと、答えを見つけやすくなります。

②は、日頃《ひごろ》からいろいろな言い回しを知っておくことも大事です。こんな行動や様子はこういう気持ちを表す、というおおよそのきまりがあるからです。

【気持ちを表す言い回しの例】

・**目を伏《ふ》せる**…自信がない・後ろめたい気持ち　など
・**肩《かた》を落とす**…がっかりする気持ち
・**眉《まゆ》をひそめる**…心配・不快な気持ち

話を聞いて、
肩を落とした。

P.14、P.102の「慣用句」についても確認《かくにん》しておきましょう。

次の文章を読んで、下の問いに答えましょう。

夏の終わりの、おだやかな午後だった。

心平《しんぺい》は、川への道を小走りに走っていた。手にはヤス＊と、水中メガネを入れた布袋《ぬのぶくろ》を持っていた。眼《め》は、陽光を反射して明るく光っている瀬《せ》と同じ色をたたえ、［①］がみなぎっていた。

心平は立ち止まって森の中を透《す》かしみた。アケビのつるが実をつけているかどうかを確かめたかったのだが、暗くてよくみえなかった。心平はすぐに走り出した。アケビのことよりも、②心は川にあった。

杉林《すぎばやし》の黒い森を抜《ぬ》けると、明るく広がる野原があった。［③］微風《びふう》が吹《ふ》いていて、一帯は牛乳のような香《こう》ばしいかおりがした。

野原は小さな牧場で、道に沿って鉄線が張りめぐらされてあった。ゆるやかな起伏《きふく》があり、数頭の牛と山羊《やぎ》がのんびりと草を食《は》んでいた。

心平は立ち止まった。

④「おおい、牛くんたぢ！」

と、呼んで手を振《ふ》った。

（川上健一《かわかみけんいち》「雨鱒《あめます》の川」〈集英社〉より）

＊ヤス……魚を突《つ》き刺《さ》して捕《と》らえる道具。

---

(1) ［①］に当てはまる言葉として適切なものを次から一つ選び、記号を○で囲みましょう。

ア 平気　イ 弱気　ウ 精気

(2) ――線部②「心は川にあった」とはどういう気持ちを表していますか。適切なものを次から一つ選び、記号を○で囲みましょう。

ア 川のことばかりが気にかかる気持ち。
イ 川に行けるだろうかという不安な気持ち。
ウ 川の水のように冷たい気持ち。

(3) ［③］に当てはまる言葉として適切なものを次から一つ選び、記号を○で囲みましょう。

ア 強い　イ 気持ちのいい　ウ 妙《みょう》な

(4) ――線部④「おおい、牛くんたぢ！」という呼びかけから、このときの心平のどういう気持ちが推測できますか。次の□に当てはまる言葉を、文章中から三字で書き抜きましょう。

・□□□、弾《はず》むような気持ち。

24 場面と状況の読み取り

状況《じょうきょう》を読み取るには?

小説は、出来事の展開が骨組みになっています。時や場所が移り変わり、時には登場人物も入れ替《か》わって出来事が展開していきます。その出来事のひと区切り、ひと区切りを**場面**といいます。

ある場面で、どのようなことが起きているのかを具体的につかんでいくことを、「**状況**《じょうきょう》を読み取る」といいます。

【状況を読み取るときに注目すること】

①時・場所・その場の様子。
②出来事・事件の内容。
③主人公の立場・気持ち。
④他の登場人物の立場・気持ち。

状況は、一場面の中でも変化していきます。場面の状況がどのように変化しているのかに気をつけて読み進めましょう。

次の例は、ある文章の「場面」と「状況」をまとめたものです。

場面
土曜日の午後、小学六年生の兄と、小学二年生の弟が玄関《げんかん》にいる。

状況
兄は一人で出かけようとしているが、弟は一緒《いっしょ》に行きたがっている。兄は弟をかわいそうだと思うが、今日は弟を連れていけない事情がある。弟は、兄がなぜ今日だけ、一緒に連れていってくれないのかわからずに、泣きそうになっている。

上の①〜④のように、時や場所→出来事の内容→兄の立場・気持ち→弟の立場・気持ちを押《お》さえています。

小説を読むときは、このようにして「状況」を読み取りましょう。

それぞれの登場人物の立場になってみると、全体が見えてくるね。

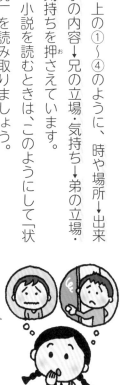

基本練習

答えは別冊6ページ

次の文章を読んで、下の問いに答えましょう。

①午後になって少年の家を訪ねて来た客は、初めて見る顔だった。背広に黒いネクタイを締《し》めているのは、朝から入れ替わり立ち替わりやって来る他の客と同じだったが、家の外にいた親戚《しんせき》に挨拶《あいさつ》するときの言葉づかいが違《ちが》った。

「このたびは、どうも御愁傷《ごしゅうしょう》さまです」――テレビでしか聞いたことのない東京の言葉だった。

祭壇《さいだん》のすぐ前に座《すわ》っていた②父は、そのひとが来たのを知ると、玄関まで迎《むか》えに出た。

「よう来てくれました、ほんまに、お忙《いそが》しいのに……」

父はうれしそうで、懐《なつ》かしそうだった。ひさしぶりにお兄さんに会った弟のように、自分より少し年上の客を、まぶしそうに見つめていた。

「十二年ぶりになるのかな」

「もう、そげんなりますか……」

父はそばにいた少年の肩《かた》を抱《だ》いて、「ほな、コレが生まれる前いうことですか」と言った。

「息子《むすこ》さん?」

父は少年の名前を客に告げ、小学五年生なんだとも伝えて、「ほれ、挨拶せんか」と少年の背中を軽く押した。

（重松清《しげまつきよし》「タオル」『小学五年生』〈文藝春秋〉より）

---

(1) ――線部①「午後になって少年の家を訪ねて来た客」の目的は、何ですか。適切なものを次から一つ選び、記号を○で囲みましょう。

ア 親しい間柄《あいだがら》の父に会うため。

イ お悔《く》やみの言葉を言うため。

ウ お祝いの席に出るため。

(2) ――線部②「父は、そのひとが来たのを知ると、玄関まで迎えに出た」という部分から推測できることとして適切なものを、次から二つ選び、記号を○で囲みましょう。

ア 父はそのひとが誰《だれ》かすぐにわかった。

イ 父はそのひとが誰か見当がつかなかった。

ウ 父は誰とも会いたくなかった。

エ 父はそのひとを大切に思っていた。

(3) 父と客とのやりとりの話題に、少年のことが加わるのはどの文からですか。その文の初めの五字を、文章中から書き抜《ぬ》きましょう。

□□□□□

気持ちの変化の読み取り

25 気持ちの変化を読み取るには?

小説では、小さな気持ちの変化が丁寧《ていねい》に描《えが》かれます。**きっかけ**→**気持ちの変化**→**きっかけ**→**気持ちの変化**…という繰《く》り返しで、小説が成り立っているともいえるのです。

気持ちが変化したきっかけや理由を押《お》さえながら、登場人物の気持ちの変化を読み取っていきます。

【気持ちが変化するきっかけの例】

新しい出来事
はじめまして!!
友達なんだ
〈出会い〉
他の人の言葉
素敵《すてき》な服ね。
私はいやだったけれど…。
風景・天候の変化
嫌《いや》な予感

気持ちは、P.54の②〜④で解説したように、遠回しに表現されることが多いので、細やかに読み取ることが大切です。

特に、情景が描写《びょうしゃ》されている部分には、人物の気持ちが表現されていることがあるので注意しましょう。

例えば、P.52で挙げた『トロッコ』では、喜びいっぱいでトロッコに乗っていた良平《りょうへい》が――。

> その道をやっと登りきったら、こんどは高い崖《がけ》のむこうに、広々とうすら寒い海がひらけた。と同時に良平の頭には、あまり遠くきすぎたことが、きゅうにはっきりと感じられた。
> （芥川龍之介《あくたがわりゅうのすけ》「トロッコ」『くもの糸・杜子春《とししゅん》（新装版）』〈講談社青い鳥文庫〉より）

目前に開けた海を見て、良平は急に不安になってきています。「広々とうすら寒い海」を見たことが、良平の気持ちを喜びから不安へと変えたきっかけになっています。

基本練習

答えは別冊6ページ

次の文章を読んで、下の問いに答えましょう。

塀《へい》の上にいる一郎《いちろう》＊1の耳のそばで、不意に法師蝉《ほうしぜみ》が鳴きだした。オーシックツクと繰りかえしている鳴声《なきごえ》で、夏休みがきたという気分が強くなりながら一郎は蝉の姿を探した。するとすぐ傍《そば》の、塀の板すれすれに植わっているツゲの樹《き》の幹に、すき透《とお》った翅《はね》をもった小さな昆虫《こんちゅう》が見えた。法師蝉はとくに敏感《びんかん》でめったにモチ竿《ざお》＊2の先にかからないのに、それがすぐ眼《め》のまえに平気でとまっていることは不思議だった。手をのばせば、そのまま指先に挟《はさ》めそうな感じだ。もし捕《と》えることができたら、なんという幸運だろう。しかし、油《あぶら》蝉《ぜみ》の四分の一ほどの大きさしかなくて、すこし小さすぎるし、形も蜂《はち》にそっくりだ。あるいは、眼の前の虫は蜂なので、オーシックツクという声はどこか別のところから聞《きこ》えてくるのではないか。一郎は、その虫の小さな軀《からだ》から音が出ているのかどうか、耳と目を緊張《きんちょう》させてたしかめようとした。

「おい、イチロー」

男の大きな声が響《ひび》いて一郎の眼の前の虫がパッと飛び立った。いままで聞えていた蝉の声は、チチチチというような音に変《かわ》って遠ざかっていった。あれはやっぱり法師蝉だったんだ、と一郎は自分の決断のわるさを悔《くや》み、塀の下に立っている男の方にちょっとうらめしそうに顔を向けた。

（吉行淳之介《よしゆきじゅんのすけ》「夏の休暇《きゅうか》」『子供の領分』〈集英社文庫〉より）

＊1一郎……小学五年生の男子。
＊2モチ竿……ねばねばするトリモチを塗《ぬ》った竿。

---

(1) 鳴きだした法師蝉の声を聞いて、一郎はどのような気持ちになっていますか。文章中から十一字で書き抜《ぬ》きましょう。

□□□□□□□□□□□

(2) 一郎が法師蝉を見ているときの気持ちの動きの順に、（　）に番号を書きましょう。

（　）法師蝉かどうかをさらに確かめよう。
（　）敏感な法師蝉が人間の眼の前にとまっているのが不思議だ。
（　）法師蝉ではないかもしれない。
（　）捕《つか》まえることができたら、なんという幸運だろう。

(3) ――線部「おい、イチロー」という声をきっかけに変《か》わった一郎の気持ちは、彼《かれ》のどんな様子に表れていますか。文章中から七字で書き抜きましょう。

□□□□□□□

主題の読み取り

26 主題を読み取るには?

作者が小説(作品)を通して、読者に伝えたいこと、訴《うった》えたい思いが**主題(テーマ)**です。

主題は、作品の最後に、

「友達は大切です。」
「正直に生きましょう。」

などと、ストレートに書かれているわけではありません。

出来事、登場人物の言動、情景描写《びょうしゃ》、さまざまな背景などを通して、作者は読者に思いを伝えようとします。

例えば、友達との仲たがいを描《えが》いていても、作者はそこから友情の大切さを感じてほしいと考えていることもあります。

小説を読むときには、話の筋や出来事を押《お》さえながら、作者が何を伝えようとしているのかを考えることが大切です。

【主題を読み取る手がかり】

・話の山場(クライマックス)。

主題を際立《きわだ》たせるために、作者が設ける盛り上がる場面。

・主人公の気持ち・人物像(性格・人柄《ひとがら》・個性)がよくわかる部分。

特に、主人公の心情の変化や、心の成長などが書かれている部分。

これらの内容は、主題と結び付くことが多くあり、手がかりになります。

作品を読み終えたら、「作者が伝えたいこと」を短く、三十字ぐらいでまとめてみると、主題を捉《とら》える力がついてよいですね。

答えは別冊7ページ

次の文章を読んで、下の問いに答えましょう。

家々の庭からは、れんぎょうが、パンジーが、名も知らぬ色とりどりの花が、私を見送るように顔をのぞかせている。春だった。視界のすみずみまで、春だった。

すべてがいきいきと発色し、動きだし、弾《はじ》け、混ざり合い、車窓が映す何もかも、ゴミをあさるカラスも、酒の安売り店の看板も、アスファルトにひかれた白い横断歩道も、二階の窓にひるがえる洗濯物《せんたくもの》までも、今このとき、①ただしい色合いでただしい場所に配置されていると思った。

なんて美しいんだろうと、後部座席で呆《ほう》けたように私は思った。この道は今まで何度も通ったことがある、ひとりで、もしくは夫と二人で。それなのに、私は何を見ていたんだろう。②まるで目を閉じて歩いていたみたいじゃないか。目を開いてみれば、こんなにも美しい世界が飛びこんでくるというのに。

春子《はるこ》。そうか、春子。母が私を産むために急いだ道も、こんなふうにまるごと春だったんだろう。ああ春だと、おなかをさすりながら母は思ったのだろう。私は世界がこんなにも色鮮《あざ》やかになるときに、子どもを産むんだと、願わくば、その子どもが目を見開いてこの世界を見てくれるようにと、思ったのだろう。

〈角田光代《かくたみつよ》「名前」『Presents《プレゼンツ》』〈双葉文庫〉より〉

(1) ――線部①「ただしい色合いでただしい場所に」とありますが、この「ただしい」は「ふさわしい」という言葉に置き換《か》えられます。何にふさわしいのですか。文章中から漢字一字で書き抜《ぬ》きましょう。

(2) ――線部②「まるで目を閉じて歩いていたみたいじゃないか。」とありますが、何を見ていなかったということですか。文章中から十字で書き抜きましょう。

(3) 主人公の「私」（春子）は小さい頃《ころ》から自分の名前を、単純につけられた、平凡《へいぼん》な名前だと思っていました。その思いが大きく変わったことが具体的にわかる部分を文章中から探し、初めの五字を書き抜きましょう。（句読点も字数に数える。）

27 随《ずい》筆《ひつ》とは？

随筆の特徴と種類

随筆《ずいひつ》は、

・筆者が体験したことや、見聞きしたことなど（事実）をもとに、
・考えたことや感じたこと（意見・感想）を、
・**自由な形**で、

書いた文章です。**エッセイ**ともよばれます。

随筆は、筆者の意見や感想が述べられるので、筆者の個性が表れやすく、それが随筆の味わいになります。

「随」には「物事の動きや時のなりゆきに任せる」という意味があります。
漢字からも、随筆のもつイメージが伝わってきますね。

【随筆の種類】

大きく、次の三つに分けられます。

日常の記録的なもの 身の回りのことなどの記録。（紀行文なども含《ふく》まれる。）

文学的なもの 小説風に書かれたもの。

思索《しさく》的なもの あることについて、深く考えをめぐらしたもの。

文章の組み立ては、作品によってさまざまですが、

体験や見聞 → それについての意見・感想 → まとめ

という形が、よく見られます。

小説や随筆などをひとまとめにして、**文学的文章**とよびます。普通《ふつう》、小説の書き手を「**作者**」、随筆の書き手を「**筆者**」とよぶことも覚えておきましょう。

答えは別冊7ページ

次の文章を読んで、下の問いに答えましょう。

中学生になるかならずかという夏休み。両親の郷里である高松《たかまつ》で過ごし、源平《げんぺい》合戦で有名な屋島《やしま》に遊びに行った。三つ年下の弟と二人だったように思う。平日のことで山上に人は少なかった。蝉《せみ》しぐれの遊歩道を散策した私は、①ある光景に出くわす。

休憩所《きゅうけいじょ》の店先に帽子《ぼうし》をかぶったおじさんが立ち、中を覗《のぞ》いていた。五十代ぐらいの人だったのではないか。連れはいなかった。うどんでも食べて店を出ようとしていたらしい。おじさんは財布《さいふ》を片手に、店の奥《おく》に向かって言った。

「ごちそうさまぁ」

意外な言葉だった。代金を払《はら》おうとしているのに店員の姿が見《み》当《あた》らない場合、とりあえず「すみませーん」と呼びかけるものだと思っていた。いや、それしか思いつかなかった。なのに、このおじさんは無料でもてなされたかのように「ごちそうさま」と言う。一瞬《いっしゅん》だけ違《い》和《わ》感《かん》を覚えた後、②私の内に変化が起きた。

自分のために料理を作ってくれたのだから、お客として代価を支払うとしても「ごちそうさま」と言うのが礼儀《れいぎ》にかなっている。考えたこともなかったけれど、それはそうだと納得《なっとく》し、お客は偉《えら》いわけではない、と知ったのだ。

（有栖川有栖《ありすがわありす》「お客は偉くない」（『日曜日の随想　2007』所収）〈日本経済新聞出版社〉より）

---

(1) ——線部①「ある光景」が描《えが》かれているのはどの部分ですか。その部分の初めと終わりの四字を、文章中から書き抜《ぬ》きましょう。（句読点・符号《ふごう》も字数に数える。）

□□□□～□□□□

(2) ——線部①「ある光景」で起きた出来事に対して、筆者が初めに抱《いだ》いた思いを文章中から五字で書き抜きましょう。

□□□□□

(3) ——線部②「私の内に変化が起きた」とありますが、どう変化したのですか。次の□に当てはまる言葉を、文章中から書き抜きましょう。

・おじさんの言葉に対する違和感は消え、
□□にかなっていると□□し、
□□は偉いわけではない、と知った。

28 筆者の思いを読み取るには?

随筆《ずいひつ》にもやはり、筆者の書き表したいこと(小説の主題に当たるもの)があります。

【随筆の読解の手順】

・体験・事実
・展開(人物・出来事・会話など)｝話題をつかむ。
←**筆者がどういう思いで見つめ、何を感じているかをつかむ。**

また、文章を「**事実**」か「筆者の**感想・意見**」かに読み分けて、「感想・意見」が述べられている部分に——線を引いていきましょう。
筆者の考えがつかみやすくなります。

私は夕顔の花が好きなので、毎年育てている。夕方の四時になるといっせいに開き、明け方にはしぼんでしまうが、次から次へ蕾《つぼみ》をもっているので、八月の半ばごろから霜《しも》が降るまで咲《さ》きつづける。名月の晩などは、そこはかとない花が闇《やみ》の中に浮《う》き出て、えもいわれぬ風情《ふぜい》である。
　蕾は白いハンケチをしぼったような形をしており、いつも知らないうちにほころびているので、「夕顔の笑《え》みの眉《まゆ》」が開ける瞬間《しゅんかん》を私はまだ見たことがない。(中略)ある日、その決定的瞬間に立ち会うことにした。何もそんな大げさに考える必要はないのだが、人知れず咲くことを思うと、見るのがはばかられるような気がしないでもなかった。
(白洲正子《しらすまさこ》「夕顔」〈新潮文庫〉より)

【筆者の思いを読み取る際のポイント】

・まとめに当たる部分があるか。
・主に、出来事のどんな点が書かれているか。
・繰《く》り返し出てくる言葉(キーワード)はあるか。
・題名が内容や筆者の思いを表していないか。

「まとめ」に当たる部分がはっきりしていない随筆もあります。そういう随筆では、筆者が何について、どう心を動かしているかをつかみましょう。

随筆には、その筆者ならではの**ものの見方**や、**言葉の使い方**が見られます。筆者の個性を楽しみながら、筆者の思いを読み取っていきましょう。

上の文章中の『夕顔の笑みの眉』が開ける」は、「花のつぼみが開く」という意味だよ。

答えは別冊7ページ

次の文章を読んで、下の問いに答えましょう。

知床《しれとこ》で春を感じるのは、海をいちめんに埋《う》めつくしていた流氷が、一個ずつの塊《かたまり》に見えはじめる時だ。それまで強固な一枚の塊だったのが、気温の上《じょう》昇《しょう》とともにばらばらになり、本来の一個ずつの流氷になる。風のない晴れ渡《わた》った日ならば、濃《こ》い藍色《あいいろ》の海に、ほんの微《かす》かに透明《とうめい》な青を含《ふく》んだ白い流氷が浮《う》かんでいる。流氷の色はアラスカなどにある氷河の色、グレーシャー・ブルーである。

そんな海に私はカヌーで遊んだことがある。空と海の間にいて、パドルを波に突《つ》きいれ、流氷から流氷へとこいでいく。私は空と海と流氷の複雑な青に染められている。

冬の間あんなにも強力に居坐《いすわ》っていた流氷も行き場をなくし、ここにとどまっているしかない。孤立《こりつ》して、一刻一刻解けていく。だがただ孤立しているのではなく、①自然の生態系と結びついているのである。流氷の中にはアイスアルジーという植物プランクトンが閉じ込《こ》められていて、解けると海中に放出され、それがあらゆる生物の根底をなす生態系の基礎《きそ》となる。この植物プランクトンがオキアミなどの動物プランクトンの餌《えさ》になり、動物プランクトンは魚などの餌となる。流氷は知床の［②］にしっかりと組み込まれている。自然の中で無駄《むだ》なものはないということだ。

（立松和平《たてまつわへい》「知床の四季を歩く」〈樹立社〉より）

---

(1) 筆者が知床の春を感じるのは、どんなときですか。文章中の言葉を使って答えましょう。

［　　　　］

(2) 流氷は、——線部①「自然の生態系と結びついている」とありますが、どのように結びついているのですか。次の□に当てはまる言葉を、文章中から書き抜《ぬ》きましょう。

・流氷が解けると、流氷中の□□プランクトンが海中に放出され、□□プランクトンの餌になる。そして、これを魚が食べる。

(3) ［②］に当てはまる漢字三字の言葉を、文章中から書き抜きましょう。

□□□

得点
/100点

1 次の文章を読んで、あとの問いに答えましょう。

鮎太《あゆた》と祖母りょうの二人だけの土蔵の中の生活に、冴子《さえこ》という十九歳《さい》の少女が突然《とつぜん》やって来て、同居するようになったのは、鮎太が十三になった春であった。

冴子という名前は、それまでに祖母の口から度々《たびたび》聞いていたが、鮎太が彼女《かのじょ》の姿を見たのは、その時が初めてであった。

鮎太はなんとなく不可《いけ》ないものが、静穏《せいおん》な祖母と自分の二人だけの生活を＊1攪乱《かくらん》しにやって来たような気がした。①そうした冴子への印象は、彼女の初対面の時の印象から来たものか、冴子という少女に対する村人の口から出る噂《うわさ》がそうした余り香《かんば》しくないもので、それがいつとはなしに、鮎太の耳に入ってきたことに依《よ》るのか、それははっきりしなかった。あるいはその両方であったか知れない。

その日、鮎太が学校から帰って来ると、屋敷《やしき》と小川で境して、屋敷より一段高くなっている②田圃《たんぼ》の畔道《あぜみち》を両肘《りょうひじ》を張るようにして、ハーモニカを吹《ふ》いて歩いている一人の少女の姿が眼《め》に入った。少女と言っても鮎太よりずっと年長である。

村では見掛《みか》けない娘《むすめ》であった。薄《うす》ら寒い春の風におかっぱの髪《かみ》を背後《うしろ》に飛ばせ、背後で大きく結んでいる黄色い＊2兵児帯《へこおび》の色が、鮎太の眼には印象的であった。

鮎太も畔道を歩いて来たが、その自分とはずっと年長の少女と正面からぶつかるのを避《さ》けて、畔道の途中《とちゅう》から小川を越《こ》えて、土蔵の横手の屋敷内へと飛び降りた。

屋敷内へ飛び降りると、地面が低くなっているため、鮎太の視野から少女の姿は消えた。鮎太は教科書の入っている風呂敷《ふろしき》包みを地面へ置くと、傍《そば》の柿《かき》の木に攀《よ》じ登ってみた。少女は相《あい》変《かわ》らずハーモニカを吹きながら段々畠《だんだんばたけ》の畔道を歩いていた。

鮎太がその少女を見守っているうちに、彼女は次第《しだい》にこちらに近寄って来たが、柿の木に登っている鮎太の姿を眼に留めると、視点を据《す》えたような見入り方で、じいっと鮎太の方を見た。その黒い大きい眼が鮎太を驚《おどろ》かせた。一体この少女は何者だろうかと思った。

③もしかしたら、冴子かも知れない、鮎太はふとそう思った。冴子という半島の突端《とったん》の港町の女学校へ行っている少女が祖母の身内にあり、その少女の余り香しくない評判は、この村から同じ女学校へ通っている二、三人の娘たちに依って、この村へ伝えられていた。

鮎太は冴子という年長の、祖母の身内だという少女を、何となく美貌《びぼう》の少女として想像していた。彼女に関する噂の性質からすると、彼女はどうしても美貌でなければならぬようであった。

鮎太は柿の木から降りると、土蔵の中へ駈《か》け込《こ》んだ。あのように美しい少女は、冴子でなければならぬと思ったし、あのような不良は（鮎太にはハーモニカを吹いている少女が、そう見えた）、冴子以外にはないだろうと思った。

（井上靖《いのうえやすし》「あすなろ物語」〈新潮文庫〉より）

＊1攪乱……かき乱して、混乱させること。
＊2兵児帯……子供や男性が和服に締《し》める、やわらかい帯。

(1) この場面の季節はいつ頃《ごろ》だと推測できますか。適切なものを次から一つ選び、記号で答えましょう。【15点】

ア 春の初め　**イ** 春の終わり
ウ 秋の初め　**エ** 秋の終わり

□

(2) ――線部①「そうした冴子への印象」とありますが、具体的にはどんな印象ですか。次の□に当てはまる言葉を、文章中から十一字で書き抜《ぬ》きましょう。【15点】

□□□□□□□□□□□という印象。

(3) ――線部②「田圃の畔道を両肘を張るようにして、ハーモニカを吹いて歩いている」とありますが、ここからこの少女についてのどんなことがわかりますか。適切なものを次から一つ選び、記号で答えましょう。【20点】

ア ハーモニカを吹くのが大好きなこと。
イ 堂々として、ものおじしない性格であること。
ウ ハーモニカに慣れていないこと。
エ 背が高く、やせていること。

□

(4) ――線部③「もしかしたら、冴子かも知れない」と鮎太が思ったのはなぜですか。次の□に当てはまる言葉を、文章中から書き抜きましょう。【各15点　計30点】

・鮎太の、冴子という少女は、美貌であるはずだという□□に、その□□□□□眼をした少女が当てはまっていたから。

(5) 冴子は、**A**鮎太より何歳年上で、**B**どこの女学校に行っている少女ですか。**A**は漢数字で答え、**B**は文章中から八字で書き抜きましょう。【各10点　計20点】

A［　　］歳上

B □□□□□□□□

29 説明的文章とは？

説明的文章の特徴と構成

説明的文章は、ある事柄《ことがら》について**理由**や**根拠**《こんきょ》をはっきりと示しながら、**結論**や筆者の**主張**を示した文章です。

・事実や現象をわかりやすく説明した**説明文**
・ある事柄について筆者の考えを述べた**論説文**

のように、分けていうこともあります。

文学的文章との大きな違《ちが》いは、論理的で、筋道のはっきりした構成になっていることです。

【説明的文章の構成の型（最も一般《いっぱん》的な型）】

前置き（序論）	話題を提示して、	いま、海に沈《しず》みそうな島がある。
中心（本論）	しっかり説明し、	地球の温度が上がり、北極や南極の氷が溶《と》けて……。
結び（結論）	主張・意見を述べる。	人間の活動について、よく考えてみる必要がある。

【説明的文章を読むときのポイント】

・**話題**　何について書かれている文章か。

次の部分に注目しましょう。
・文章の初め。
・「～でしょうか。」などの疑問・問いかけ。
・繰《く》り返し出てくる言葉（キーワード）。

・**文章の構成**　文章全体の組み立てはどうなっているか。結論が初めにある場合や、初めと終わりにある場合などがあります。

・**理由・根拠**　意見・主張を支える根拠として、どんな事実や具体例を挙げているか。

・**意見・主張**　筆者が言いたいことは何か。

説明的文章では、多くの場合、**事実・具体例**を**根拠**として、筆者の**主張・意見**が述べられています。

答えは別冊8ページ

次の文章を読んで、下の問いに答えましょう。

出会いの挨拶《あいさつ》とよく似ていて少し違うのが、呼びかけの挨拶です。「もしもし」は、主に電話などで使われますが、声をかけてあなたに「申す」（言う）という言葉から来た「申し、申し」が挨拶言葉になったもので、英語の電話に出るときの"Hello."に対応して使われるようになったと言われています。もちろん、自分が電話に出るときにも使います。

一方、ふつう、相手と自分が同じ場所や近いところにいて呼びかけをする場合には、「すみません」を使うことが多いようです。聞いた話ですが、アメリカから来てまだ日本語に慣れていない人が、お店に入って人を呼ぶときに、「もしもし！」と言っていたそうです。"Hello."＝「もしもし」という置き換《か》えをしていたからでしょう。電話ではこの置き換えは正しいのですが、お店で人を呼ぶ時には、「すみません」のような別の言葉を使うほうが普通《ふつう》です。

考えてみると、これもおもしろいことです。「すみません」は謝《あやま》る時に使われる言葉だからです。もちろん、本当に謝っているわけではありません。

（森山卓郎《もりやまたくろう》「コミュニケーションの日本語」〈岩波ジュニア新書〉より）

---

(1) この文章の話題は何ですか。文章中から七字で書き抜《ぬ》きましょう。

(2) (1)の話題の例として、どんな言葉が挙げられていますか。文章中から二つ書き抜きましょう。

(3) ――線部「これもおもしろいことです」とありますが、どんなことについておもしろいと述べているのですか。適切なものを次から一つ選び、記号を○で囲みましょう。

ア アメリカ人が、お店の人を呼ぶときに「もしもし！」と言ったこと。

イ アメリカ人が、お店で突然《とつぜん》謝ったこと。

ウ 「すみません」が、近いところにいる人への呼びかけに使われること。

30 接続する語句の理解

説明的文章では、**接続する語句**（**接続語**）が大きな働きをします。

接続する語句とは、語と語、文と文、段落と段落とをつなぐ語句です。

【接続する語句の主な種類と働き】

つなぎ方	接続する語句の例
そのままつなぐ **順接**	だから・すると・したがって（以上（のこと）から）
反対の流れにする **逆接**	しかし・だが・けれども（そうはいっても）
付け加える **並立《へいりつ》・累加《るいか》**	また・それから・そして（それに加えて）
比べる・選ぶ **対比・選択《せんたく》**	または・あるいは・それとも（その他に）
わかりやすくする **説明・補足**	つまり・なぜなら・例えば（というのは）
話題を変える **転換《てんかん》**	さて・ところで・では（話は変わって）

←こういう言葉もあります。

説明的文章を読んでいくときに特に大事なのは、段落の初めにある接続する語句です。文章がその段落のあと、どういう流れになるかを予想して読むことができるからです。

【接続する語句があるときの読み方】

だから、
しかし、
順接か。□が理由で、□がその結果なんだな。
逆接ね。□の流れから予想されることとは違《ちが》う内容が□に書かれているのね。

空欄《くうらん》に合う接続する語句を答える問題では、空欄の前後の内容のつながり方を読み取ることが大切です。

答えは別冊8ページ

次の文章を読んで、下の問いに答えましょう。

一日・一月・一年という時間の区切りは、太陽や月の運動から得られました。いわば、天文学がもとになっているのです。[①]、もう一つの時間の区切りである「一週間」は、どのような理由で七日となったのでしょうか。人間は、適当な間隔《かんかく》で休みをとらないと疲《つか》れて仕事の能率が上がりません。そこで一週間ごとに「安息日」をもうけたのですが、それが七日になったのは、やはり天体の動きが関係しています。私たちの肉眼で見て、遠くの星に対して動いているように見える星は、太陽と月、そして水星・金星・火星・木星・土星の五つの惑星《わくせい》ですね。②そこで、この宇宙は、地球が中心にあり、そのまわりを七つの星が回っていると考えました。それ以外の星は天球に固定され、天球全体がゆっくり回転していると想像したのです。だから、「一週間は七日」は、紀元前一八〇〇年頃《ごろ》のバビロニア人たちの宇宙観（この「天動説」は一七世紀まで信じられていました）を反映しているといえるでしょう。

[③]、人の生活に役立てようと暦《こよみ》がつくられましたが、それは、月や太陽の動き、惑星の運動、星の見える位置などのくわしい観測が基礎《きそ》になっているのです。天文学が「最古の科学」といわれるのはこのためです。

（池内了《いけうちさとる》「科学の考え方・学び方」〈岩波ジュニア新書〉より）

(1) [①]に入る言葉として適切なものを次から一つ選び、記号を○で囲みましょう。

ア では　**イ** したがって　**ウ** あるいは

(2) ——線部②「そこで」は、前の部分を理由としてあとの文につなぐ働きをしています。前の部分に書かれた「理由」として適切なものを次から一つ選び、記号を○で囲みましょう。

ア 一週間に一度、「安息日」をもうけたこと。

イ 一週間を七日としたのには、天体の動きが関係していること。

ウ 肉眼で見ると、遠くの星に対して動いているように見える星は、太陽と月と、五つの惑星の七つであること。

(3) [③]に入る言葉として適切なものを次から一つ選び、記号を○で囲みましょう。

ア というのは

イ そうはいっても

ウ このように

31 指示する語句の理解

指示する語句の内容の捉え方

説明的文章では、同じ言葉や内容の繰《く》り返しを避《さ》けるために、**指示する語句**（**指示語**）が多く使われます。

【指示する語句の例】

物	場所	方向	様子	指定
これ	ここ	こちら	こんな	こう	この
それ	そこ	そちら	そんな	そう	その

【指示内容を捉《とら》える手順】

①**指示する語句の前に注目**　普通《ふつう》、指示内容は指示する語句の前にあります。

②**代入して確認《かくにん》**　指示内容の見当がついたら、指示する語句の部分にそれを代入して、意味が通るか確かめます。

例　駅弁を買って食べるのが、旅の楽しみの一つである。
それを買うとき、心が躍《おど》る。

指示する語句　↓「駅弁」を指す。

（代入すると、「駅弁を買うとき、心が躍る。」となり、意味が通る。）

指示する語句は、多くの場合、直前の語や内容を指しますが、

・少し離《はな》れた前のところに出てきた語や内容
・まれに、直後に出てくる語や内容

を指すこともあります。指示する語句を見つけたら、指示内容を常に確認しながら、文章を読むようにしましょう。

【指示する語句が重なっている場合】

前にさかのぼって、指示内容をたどっていきます。

例　窓の外に柿《かき》の木がある。そこにカラスがとまっている。
そのカラスは、さっきからずっと動かない。

問い　「そのカラス」とは、どういうカラスか。

答え　窓の外の柿の木にとまっているカラス。

文中の「そのカラス」の部分に答えを代入して、確かめてみてね。

答えは別冊8ページ

次の文章を読んで、下の問いに答えましょう。

*1内田百閒《うちだひゃっけん》が一礼してから本を開いたと書いているが、われわれも小学生のころ、ずっと昔のことだが、教室で教科書を開く前にうやうやしく〝*2おしいただいた〟ものである。①それに、すこしも抵抗《ていこう》はなかった。

文字をふむと〝学校ができなくなる〟成績が悪くなるとしつけられた。うちにいて、新聞をふんだり、またいだりするのも、いけないことであった。だいたい、新聞を畳《たたみ》の上に置くなどというのは、たしなみのよろしくない家庭である。

いかに*3軽装版であるにせよ、本をすてるなどということは、奇想天外《きそうてんがい》である。②そういう時代に育った人間は、いまだに書物に対して特別な気持《きもち》をいだく。無用とわかっていても、つまらぬ内容とわかっていても、とにかくすててはもったいない、と思う。③それがたまって置き場に困っても、なおすてることは思いもせず、書庫をつくろうか、などと考える。

（外山滋比古《とやましげひこ》『「読み」の整理学』〈ちくま文庫〉より。一部省略等がある）

*1内田百閒……小説家・随筆《ずいひつ》家。一八八九～一九七一年。
*2おしいただいた……つつしんで頭の上にささげ持った。
*3軽装版……表紙などを薄《うす》く軽いものにした、比較《ひかく》的値段の安い本。

---

(1) ――線部①「それ」とはどういうことを指していますか。適切なものを次から一つ選び、記号を○で囲みましょう。

ア 内田百閒が一礼してから本を開いたこと。
イ 内田百閒のまねをすること。
ウ 教室で教科書を開く前に〝おしいただいた〟こと。

(2) ――線部②「そういう時代」とはどういう時代ですか。次の□に当てはまるように、文章中から十八字で書き抜《ぬ》きましょう。

・□□□□□□□□□□□□□□□□□□であった時代。

(3) ――線部③「それ」の指すものとして適切でないものを次から一つ選び、記号を○で囲みましょう。

ア 無用な本。
イ つまらない内容の本。
ウ 貴重な本。

32 段落の要点をつかむには？

段落の要点／意味段落／段落の役割

段落には、
- **形式段落**（行の初めが一字下げになっているひとまとまり）
- **意味段落**（形式段落を意味でひとまとまりにしたもの）

があります。（単に「段落」というときは、普通《ふつう》は形式段落のことです。）

筆者が最も言いたいことをつかむためには、

①形式段落の要点（大事な内容）をつかむ。
②意味段落でまとめる。
③文章全体の構成を捉《とら》える。

という作業をします。ここでは、①と②について見ていきましょう。〈③についてはP.76参照〉

【形式段落の要点をつかむポイント】

中心文（形式段落の内容をまとめている文）を探します。

中心文を探す際の手がかり
- 形式段落の初めか終わりにあることが多い。
- 各形式段落の重要語句（キーワード）を押《お》さえる。
- 具体例や補足説明に当たる部分は除く。

【意味段落でまとめるときのポイント】

形式段落の内容を押さえ、大きな意味のまとまりに分けます。

意味段落でまとめる際の手がかり
- 話題の変わり目に着目する。
- 形式段落の初めの「接続する語句（接続語）」に着目する。

例 「また」…前の段落の内容に並べる。
「一方」…対比・対立する内容を挙げる。

意味段落を見極《みきわ》めるためには、形式段落の役割を押さえることも大切です。

形式段落の役割の例
- 話題を示す段落
- 具体例を挙げる段落
- 理由・根拠《こんきょ》を述べる段落
- 新たな視点から論を進める段落
- 結論を述べる段落

形式段落の要点を押さえながら読み進める習慣をつけましょう。

70ページで学習した「接続する語句」が手がかりになるんだね。

答えは別冊8ページ

次の文章を読んで、下の問いに答えましょう。（1～4は段落番号です。）

1 学生時代、世界史などの暗記科目を試験直前の夜に一夜漬《づ》けで記《き》憶《おく》した覚えはありませんか。

2 しかし一夜漬けは、脳《のう》科学的には、おすすめできるものではありません。脳を最大限に活用するには、夜よりも朝が効果的であることは、間《ま》違《ちが》いのない事実なのです。特に、創造的な仕事は朝やることをおすすめします。

3 なぜ夜はクリエイティブ＊1な活動に不向きなのか。それは、朝起きてから夜寝《ね》るまでのあいだの記憶が整理・蓄《ちく》積《せき》されるのは睡《すい》眠《みん》中だからです。

4 つまり、夜になると脳の中は未整理の記憶でいっぱいになってしまうわけです。このような状態ですから、脳の活動が十分フレキシブル＊2にならないのです。

（茂《も》木《ぎ》健《けん》一《いち》郎《ろう》「脳を活《い》かす勉強法」〈PHP研究所〉より）

＊1クリエイティブ……創造的。
＊2フレキシブル……柔《じゅう》軟《なん》に対応する様子。

---

(1) 次の事柄《ことがら》は、1～4段落のどの段落の要点ですか。段落番号で答えましょう。

① 夜は脳の中が未整理の記憶でいっぱいになり、活動が柔軟にならない。

② 脳を最大限に活用するには朝が効果的で、特に創造的な仕事には朝がよい。

③ 一日の記憶は睡眠中に整理・蓄積されるので、夜はクリエイティブな活動に不向きである。

(2) 4段落は、3段落に対してどのような関係にありますか。適切なものを次から一つ選び、記号を○で囲みましょう。

ア 前の段落の内容の具体例。
イ 前の段落の内容の補足説明。
ウ 前の段落の内容の結果。

(3) 1～4段落のうち、筆者の最も言いたいことが述べられているのはどの段落ですか。段落番号で答えましょう。

33 文章全体の構成をつかむには？

文章全体の構成／結論部分

説明的文章の読解では、文章全体の構成をつかんで、**結論**を読み取ることが大切です。

【文章全体構成のつかみ方】

①各形式段落の**要点**をつかんで、各形式段落の**働き**を押《お》さえます。

②形式段落を共通する内容ごとにまとめて、**意味段落**に分けます。（①・②についてはP.74参照）

③各意味段落の働きから、文章全体の構成を判断します。特に**結論**が書かれている部分に注目して、構成を判断します。

【文章の構成の型】

頭括《とうかつ》型　初めに結論があり、そのあとに具体例や説明などがある。　結論→□→□

尾括《びかつ》型　具体例や説明などのあとに結論がある。（最も一般的《いっぱん》）　□→□→結論

双括《そうかつ》型　初めに結論を述べたあとに説明し、最後にもう一度結論を述べる。　結論→□→結論

説明的文章の読解では、文章の構成（段落どうしの関係）を問われることがあります。次のような図による表し方に慣れておきましょう。

例

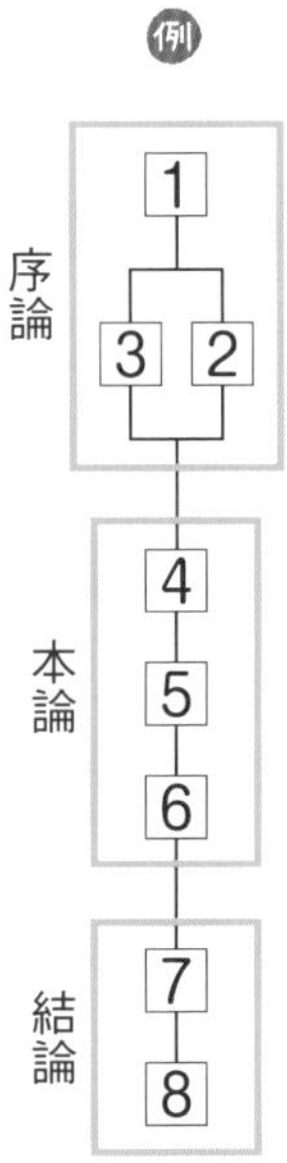

序論
1
3
2
本論
4
5
6
結論
7
8

［□は意味段落。］

「序論→本論→結論」という文章構成は、尾括型に含《ふく》まれるよ。
結論
本論
序論

また、説明的文章の読解問題では、次のような言葉の区別に注意しましょう。

- **要点**　各段落の**大事な内容**。
- **要旨《ようし》**　文章全体の**話題**と**結論**を短くまとめたもの。
- **結論**　筆者がその文章で**最も伝えたいこと**。

答えは別冊8ページ

次の文章を読んで、下の問いに答えましょう。（1～5は段落番号です。）

1 自分の目の前にある一つのもの（商品やサービス）の裏側に、どのような人の仕事が関わっているかを想像してみましょう。たとえば、お腹《なか》が空《す》いたのでラーメン店に入り、ラーメンを頼《たの》んだとします。少しすると注文したラーメンが出てきました。どんな人の仕事のおかげで、ラーメンはあなたの目の前にあるのでしょうか？

2 「ラーメンを作ってくれた料理人と、テーブルまで持ってきてくれた店員」という答えはもちろん正しいです。いちばん見えやすい仕事ですね。

3 でも、そうした人たちの仕事だけではラーメンは提供されません。ラーメンには麺《めん》やスープのほか、ねぎ、のり、チャーシューなど多くの具材があり、それらを生産する人、船やトラックなどで運ぶ人の仕事も関わっています。麺、肉、野菜、調味料などは、それぞれが違《ちが》う生産者ですし、それらをお店へと運ぶのも、それぞれ別の会社の人かもしれません。

4 さらに、麺の原料の小麦はオーストラリアの農家が育てたものかもしれませんし、チャーシューになった豚《ぶた》はアメリカの養豚家《ようとんか》が育てたものかもしれません。そうすると、目の前にあるラーメンは、日本国内だけでなく世界中の人たちの仕事によってできているといえます。

5 こうして私たちは、日本や世界で働く誰《だれ》かと、知らず知らずのうちにつながっているのです。

（「なぜ僕《ぼく》らは働くのか」〈学研プラス〉より。一部改）

---

(1) この文章で、筆者が最も言いたいこと（主張・結論）がまとめられている一文を文章中から探し、初めの五字を書き抜《ぬ》きましょう。

□□□□□

(2) (1)の「主張・結論」を述べるために、「話題の提示」と「根拠《こんきょ》」が述べられています。「話題の提示」と「根拠」が述べられているのはどの段落ですか。段落番号で答えましょう。

① 話題の提示 □

② 根拠 □から□まで。

(3) この文章の構成の型として適切なものを次から一つ選び、記号を○で囲みましょう。

ア 頭括型（結論→□→□）

イ 尾括型（□→□→結論）

ウ 双括型（結論→□→結論）

復習テスト 4

答えは別冊9ページ

4章 説明的文章の読解

得点 / 100点

次の文章を読んで、あとの問いに答えましょう。（1～5は段落番号です。）

1 鎖《くさり》を解いてやると、ブル[*1]は一散に栗栖《くりす》[*2]のエイトグループの所へ遊びに駆《か》けて行った。（中略）

2 幼時体験というものはこわいものだ。氏《うじ》より育ちというが、育った環境《かんきょう》がその後の行動を決定するということがある。鳥では刷《す》り込《こ》み（インプリンティング）が有名で、生まれた時、目の前にいる動くものを母親と思ってしまう。哺乳類《ほにゅうるい》では刷り込み現象はないようだが、犬では①それに似た現象として「社会化」（ソシアリゼーション）という幼時期の心的過程が知られている。イギリスの動物行動学者J・P・スコットによって提唱された説である。

3 それは、②犬はどうして人間と特別に親しい関係をもちうるのか、という問題の解答にもなる。小犬は生まれてから人間と接触《せっしょく》することによって、人間との親しいつきあい方を身につけていく。子犬は人間と接するまでは、人間に対して恐怖心《きょうふしん》をもっている。たとえば、生後五週間までに人間と接触しないで育ったら、強い恐怖反応を示す。［A］、この子犬でも、それからたびたび人と接するようになれば、約二週間で人間への恐怖心がなくなる。

4 このように他者との親しい関係の成立を社会化と呼ぶが、ある時期をすぎると、もう社会化が困難、あるいは不可能になる。その時期を③臨界期（クリティカル・ピリオド）という。犬では臨界期は生後七～十週、つまり乳離《ちちばな》れの時期である。だから、生後十二週間も人間と接触なしに育つと野性がでてきて、人間に対して大変臆病《おくびょう》になり、捕《とら》えることができないほどになってしまう。犬では社会化の期間が長いが、狼《おおかみ》では大変短い。狼を人間に対して社会化するためには、目があかないうちでなければならないという。

5 ④話をブルにもどせば、ブルは捨てられて野良犬《のらいぬ》になったので、人間からはいい扱《あつか》いはうけてこなかった。［B］、人に対する不信感や反抗性《はんこう》は身についた。しかし、そのいっぽう、小さいときから人間との接触はあったわけで、人とのつきあい方は知っている。ブルがいつ生まれたかはわからないが、社会化にとって大切な幼児期の大部分を子猿《こざる》と一緒《いっしょ》に過ごしたために、子猿への親近感が強化され、人や他の犬よりも猿がいちばん身近な仲間となってしまったのだろう。

（河合雅雄《かわいまさお》「小さな博物誌」〈筑摩書房〉より。一部省略等がある）

＊1ブル……筆者が勤務先である栗栖（愛知県）のモンキーセンター内で拾った野良犬。柴犬《しばいぬ》。大きくなってからは筆者の自宅で飼われていた。

＊2栗栖のエイトグループ……モンキーセンターで研究対象として飼われていた、八頭のニホンザルの子猿のグループ。ブルは子犬の頃《ころ》、このグループと同じ檻《おり》で育てられた。

(1) ――線部①「それ」は何を指していますか。文章中から六字で書き抜《ぬ》きましょう。【10点】

□□□□□□

(2) ――線部②「犬はどうして人間と特別に親しい関係をもちうるのか」とありますが、なぜ親しい関係をもちうるのですか。次の□に当てはまる言葉を、文章中から書き抜きましょう。【10点】

・犬は、幼児期に人間と接触することで、人間に対する「□□□」がなされるから。

(3) ――線部③「臨界期」とはどういうものですか。文章中の言葉を使って答えましょう。【20点】

(4) □A・Bに入る言葉の組み合わせとして適切なものを次から一つ選び、記号で答えましょう。【15点】

ア　A　だから　B　あるいは

イ　A　しかし　B　だから

ウ　A　そして　B　しかし

□

(5) ――線部④「話をブルにもどせば」とありますが、話題がブルに関することから離《はな》れているのは、どの段落からどの段落までですか。段落番号で答えましょう。【完答10点】

□から□まで。

(6) 筆者の推測が述べられているのはどの段落ですか。段落番号で答えましょう。【15点】

□

(7) この文章の段落構成として適切なものを次から一つ選び、記号で答えましょう。【20点】

ア

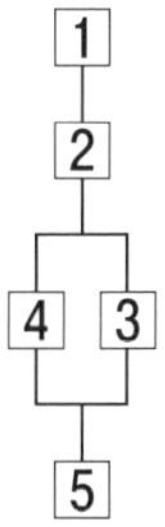

イ

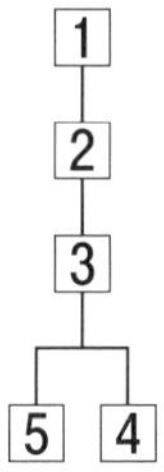

ウ

□

34 古文とは？

古文とは、*文語《ぶんご》体で書かれた文章で、主に江戸《えど》時代までに書かれた文章を指します。（*文語体…主に平安《へいあん》時代の書き言葉や文法を標準とした文体。）

【古文の特徴《とくちょう》】

①仮名遣《かなづか》いが**歴史的仮名遣い**です。

②**古語**が使われています。〈→P.82参照〉

・現代では使われない言葉。（例 いと＝とても）

・現代語と同じ形や似た形でも、意味の異なる言葉。（例 やがて＝そのまま。すぐに）

③古文特有の**文法**があります。

主語や助詞などの**省略**があり〈→P.84参照〉、**係り結び**という表現〈→P.86参照〉も見られます。

例 **すさまじき心地《ここち》**［が］**して……。**（興ざめな心地がして……。）
助詞の省略

④古文特有の役職名やものの名称《めいしょう》などがあります。〈→P.82参照〉

【歴史的仮名遣いの読み方】

歴史的仮名遣いでは、表記と発音が異なる場合があります。発音するときには、次のようなきまりがあります。

歴史的仮名遣い	発音
語の初め以外の **は・ひ・ふ・へ・ほ**	**わ・い・う・え・お** 例 こほり→こおり
ぢ・づ	**じ・ず** 例 はづかし→はずかし
ゐ・ゑ・を	**い・え・お** 例 ゐる→いる
くわ・ぐわ	**か・が** 例 くわし（菓子）→かし
母音《ぼいん》の連続 **au・iu・eu・ou**	**ô・yû・yô・ô** 例 まう(mau)す（申す）→もう(mô)す

みづ ⇩ みず（水）

答えは別冊9ページ

次の文章を読んで、下の問いに答えましょう。

春はあけぼの。①やうやう白くなりゆく②山ぎは、すこしあかりて、紫《むらさき》だちたる雲のほそくたなびきたる。

（清少納言《せいしょうなごん》「枕草子《まくらのそうし》」より）

〔現代語訳〕
春は明け方（がよい）。だんだんと白くなっていく山ぎわ（の空）が、少し明るくなって、紫がかっている雲が細くたなびいている（のは趣深《おもむき》い）。

(1) 「枕草子」は、何時代に書かれた作品ですか。次から一つ選び、記号で答えましょう。
ア 奈良《なら》時代
イ 平安時代
ウ 鎌倉《かまくら》時代
エ 室町《むろまち》時代
［　　］

(2) ——線部①「やうやう」はどのような意味ですか。現代語訳から書き抜《ぬ》きましょう。
［　　］

(3) ——線部②「山ぎは」を、現代仮名遣いに直してすべて平仮名で書きましょう。
［　　］

(4) ——線部②「山ぎは」のあとには、主語を示す助詞が省略されています。その助詞を平仮名で書きましょう。
［　　］

35 古語 古文の言葉とは？

古語には、古文にしかない言葉、現代語と形は同じでも意味の異なる言葉があります。

【要注意の古語】

古文にしかない言葉

・**いと**　非常に。たいそう。
・**うし（憂《う》し）**　ゆううつだ。つらい。
・**つれづれなり**　することがなく退屈《たいくつ》だ。
・**やうやう**　だんだんと。
・**つとめて**　早朝。その翌朝。

非常につらい。
いとうし。

現代語と形は同じでも意味の異なる言葉

・**めでたし**　すばらしい。立派だ。（㊢喜ばしい。おめでたい。）
・**やがて**　そのまま。すぐに。（㊢まもなく。少したって。）
・**ゆかし**　知りたい。見たい。心がひかれる。（㊢「ゆかしい」→上品でしとやかだ。）

古語特有の意味と、現代語の意味との両方をもつ言葉

・**うつくし**　㊍いとしい。かわいらしい。㊢きれいだ。
・**あはれなり**　㊍いとしい。しみじみとしている。㊢気の毒だ。
・**をかし**　㊍趣《おもむき》がある。優《すぐ》れている。㊢こっけいだ。

「あはれなり」と「をかし」は間違《まちが》えやすいから、テストによく出るよ。

【古文特有の役職名やものの名称《めいしょう》】

女房《にょうぼう》…宮中や貴族の住まいなどに仕える女官《にょかん》。
上達部《かんだちめ》（かんだちべ）…上級の役人。公卿《くぎょう》ともいう。
局《つぼね》…宮中や貴族の住まいで、そこに仕える女官に与《あた》えられる部屋。
宿直所《とのいどころ》…宮中で、宿直《しゅくちょく》をするときにいる場所。
御簾《みす》…宮中や貴族の住まいで使うすだれ。
几帳《きちょう》…貴族の住まいで使う間仕切り。二本の細い柱の上に渡《わた》した横木に、幕（布）をつけて垂らしたもの。
睦月《むつき》・**如月《きさらぎ》**・**弥生《やよい》**・**卯月《うづき》**・**皐月《さつき》**・**水無月《みなづき》**・**文月《ふみづき》（ふづき）**・**葉月《はづき》**・**長月《ながつき》**・**神無月《かんなづき》（かみなづき）**・**霜月《しもつき》**・**師走《しわす》**…陰暦《いんれき》での一～十二月の呼び名。

基本練習

答えは別冊9ページ

次の文章を読んで、あとの問いに答えましょう。

夏は夜。月のころはさらなり(言うまでもないが)、闇《やみ》もなほ①(やはり)、蛍《ほたる》の多く飛びちがひたる②(飛び交《か》っている)(のがよい)。また、ただ一つ二つなど、ほのかにうち光りて行くもをかし③。雨など降るもをかし。

秋は夕暮れ。夕日のさして山の端《は》いと近うなりたるに(山の端にとても近づいた頃《ころ》に)、烏《からす》の寝《ね》どころへ行くとて、三《み》つ四《よ》つ、二つ三つなど、飛びいそぐさへあはれなり④。

(清少納言《せいしょうなごん》「枕草子《まくらのそうし》」より)

(1) ――線部①「なほ」、②「飛びちがひたる」、③「をかし」、④「あはれなり」を、現代仮名遣《かなづか》いに直してすべて平仮名で書きましょう。

① 〔　　〕
② 〔　　〕

(2) ――線部③「をかし」、④「あはれなり」の意味を次からそれぞれ一つ選び、記号で答えましょう。

③ 〔　　〕
④ 〔　　〕

③
ア こっけいだ
イ 変だ
ウ 珍《めずら》しい
エ 趣がある

□

④
ア しみじみと感じる
イ 気の毒だ
ウ 気にかかる
エ 涙《なみだ》が出そうだ

□

36 主語や助詞の省略とは?

主語の確認／助詞の補充

古文には次の特徴《とくちょう》があります。

【古文の特徴】
① **主語**が**省略される**ことがある。
② **助詞**が**省略される**ことがある。
③ **「～の」**が**主語を示す**ことがある。

場面を想像しながら読むと、省略された語が見えてくるよ。

古文を読むときは、登場人物や場面の状況《じょうきょう》を押《お》さえて、省略されている言葉を補いながら読み進めることが大切です。また、助詞の「の」の働きにも注意しましょう。

① **主語の省略**

例 (翁《おきな》が)**あやしがりて、寄りて見るに、筒《つつ》の中光りたり。**

[翁(おじいさん)が不思議に思って、近寄って見ると、筒の中が光っている。]

(これより前に、「竹取《たけとり》の翁といふものありけり。」という文があり、そこから主語が「翁」だとわかる。)

例 **また、**(蛍《ほたる》が)**ただ一つ二つなど、ほのかにうち光りて行くもをかし。**

[また、蛍がほんの一、二匹《ひき》、ほのかに光って飛んでいくのも趣《おもむき》がある。]

(直前に、「蛍の(が)多く飛びちがひたる。」という文があり、そこから主語が「蛍」だとわかる。)

② **助詞の省略**

例 **女、**(が)**答へていはく……。** [女が答えて言うには……。]

炭(を)**もて渡《わた》るもいとつきづきし。** [炭を持って通っていくのも、とても似つかわしい。]

③ **(部分の)主語を示す「の」**

例 **烏《からす》の寝《ね》どころへ行くとて……。** [烏がねぐらへ行くというので……。]

答えは別冊9ページ

次の文章を読んで、下の問いに答えましょう。

冬は①つとめて。雪②の降りたるは*1言ふべきにもあらず、霜《しも》のいと白きも、また*2さらでもいと寒きに、③火などいそぎおこして、炭もて渡るもいと*3つきづきし。昼になりて、*4ぬるくゆるびもていけば、*5火桶《ひをけ》の火も白き灰がちになりてわろし。

（清少納言《せいしょうなごん》「枕草子《まくらのそうし》」より）

＊1 言ふべきにもあらず……言うまでもないが。
＊2 さらでも……そうでなくても。
＊3 つきづきし……似つかわしい。
＊4 ぬるくゆるびもていけば……寒さが次第《しだい》に緩《ゆる》んでいくと。
＊5 火桶……木製の丸火鉢《まるひばち》。

(1) ――線部①「つとめて」の意味を次から一つ選び、記号で答えましょう。

ア 早朝
イ 働いて
ウ 努力して
エ 寒さが厳しい

(2) ――線部②「の」は、現代語訳するときにどんな助詞と言い換《か》えられますか。平仮名《ひらがな》で書きましょう。

〔　　〕

(3) ――線部③「火などいそぎおこして」に省略されている助詞を平仮名で書きましょう。

〔　　〕

37 係り結びとは?

古文には**係り結び**(係り結びの法則)という表現があります。

【係り結び】
文中に**係りの助詞**「**ぞ・なむ・や・か・こそ**」があると、文末が決まった活用形になります。
・「ぞ」「なむ」「や」「か」→文末が**連体形**になる。
・「こそ」→文末が**已然形**《いぜん》になる。

係り結びは、内容や、書き手や登場人物の感動を**強調**するとき、**疑問・反語**を表すときに使われます。

反語 見かけは疑問の形をとって、実際はその逆の思いを強めていう言い方。(疑問か反語かは、文脈から判断する。)

現代語での反語の例
例 この気持ちを誰《だれ》がわかるだろうか。
＝誰もわからない。

覚えられないことがあろうか。
＝絶対に覚えられる。

【係り結びの意味と文例】

係りの助詞	結び	意味	文例 〈 〉は終止形
ぞ なむ	連体形	強調	・知る人ぞなき。〈なし〉(知る人は全くいない。) ・昨日なむ都へ来《き》つる。〈つ〉助動詞(まさに昨日、都へ来た。)
や か	連体形	疑問 反語	・いづれの山か天に近き。〈近し〉(疑問 どの山が天に近いのか。) ・彼《かれ》に劣《おと》るところやある。〈あり〉(反語 彼に劣るところはあるだろうか、いや、ない。)
こそ	已然形	強調	・秋こそまされ。〈まさる〉(まことに秋が勝《まさ》っている。)

已然形で結ぶのは「こそ」だけです。「こそ」以外は連体形で結ぶ、と覚えておきましょう。

答えは別冊9ページ

1 **文中に次の助詞があるときには、文末をどんな活用形で結びますか。それぞれ答えましょう。**

(1) ぞ・なむ・や・か　〔　　　〕

(2) こそ　〔　　　〕

2 **次の文章は、ある法師(僧《そう》)が、念願だった石清水八幡宮《いわしみずはちまんぐう》参りをしてきて、仲間に土産《みやげ》話をしているところです。これを読んで、下の問いに答えましょう。**

さて、かたへ（仲間）の人にあひて（向かって）、「年ごろ思ひつること（思っていたことを）、果たしはべりぬ。聞きしにも過ぎて（聞いていたのよりも勝《まさ》って）、①尊くこそおはしけれ。そも、（それにしても、）参りたる人ごとに（お参りしているどの人も）山へ登りしは、②何事かありけん、ゆかしかりし（知りたかったけれど）かど、③神へ参るこそ本意《ほい》（本来の目的である）（　　）と思ひて、山までは見ず。」④とぞ言ひける。

（兼好《けんこう》法師「徒然草《つれづれぐさ》」より）

(1) ――線部①～④は係り結びになっています。このうち、一つだけ意味（強調・疑問・反語）の異なるものがあります。番号と、その係り結びの意味を答えましょう。

番号 □　意味 〔　　　〕

(2) ――線部③の（　）には、助動詞「なり」の活用形が入ります。（　）に当てはまる語形を次から一つ選び、記号で答えましょう。

ア なり（終止形）

イ なる（連体形）

ウ なれ（已然形）

□

38 和歌とは?

和歌は千数百年も前から伝わる、日本の伝統的な**定型詩**です。

【和歌を鑑賞《かんしょう》するときのポイント】

・ひとつひとつの言葉に注意して読み、言葉のつながりや意味をつかむ。
・季節や場所を表す言葉に着目して、情景や出来事を想像する。
・感情を表している表現や、作者が心を動かしている物事に着目する。
・表現技法の効果を考える。（詩と同じ表現技法〈↓P.46参照〉の他、和歌特有の技法〈↓下段参照〉が使われる。）

→ 作者の**感動**の中心をつかむ。

田子《たご》の浦《うら》ゆうち出《い》でて見れば真白《ましろ》にそ
富士《ふじ》の高嶺《たかね》に雪は降りける
山部赤人《やまべのあかひと》

〈田子の浦（海岸名）を通って、視界の開けた所に出て見ると、真っ白に富士の高い所に雪が降っているよ。〉

【和歌の技法】

枕詞《まくらことば》 特定の語を導き出し、語調を整える言葉。（多くは五音。）
例 たらちねの→母　ちはやぶる→神

序詞《じょことば》 ある語を導き出すための六音以上の言葉。（音数や続く語は決まっていない。）
例 多摩川《たまがわ》にさらす手作り さらさらに何そこの児《こ》のここだ愛《かな》しき
「さらさらに」を導く序詞。

掛詞《かけことば》 一つの語に、同音の複数の語の意味をもたせる技法。
例 ほととぎす夢かうつつか朝露《あさつゆ》のおきて別れし暁《あかつき》の声
「置き」と「起き」をかけている。

【有名な和歌集】

万葉集《まんようしゅう》	**奈良《なら》時代の末頃《ごろ》**までに成立。**現存する最古の和歌集**。おおらかで、力強く素朴《そぼく》な歌風。
古今《こきん》和歌集	**平安《へいあん》時代初期**に成立。**最初の勅撰《ちょくせん》和歌集**（天皇の命令で作られた和歌集）。優《やさ》しく細やかな歌風。
新古今和歌集	**鎌倉《かまくら》時代初期**に成立。**八番目の勅撰和歌集**。感覚的で、深い味わいのある歌風。

答えは別冊10ページ

1 次の和歌の説明に合うものをあとから一つずつ選び、記号で答えましょう。

A 君待つと我《あ》が恋《こ》ひ居《を》れば我《わ》が屋戸《やど》のすだれ動かし秋の風吹《ふ》く　額田王《ぬかたのおおきみ》

B 秋来《き》ぬと目にはさやか＊1に見えねども風の音にぞおどろかれ＊2ぬる　藤原敏行《ふじわらのとしゆき》

C ＊3道の辺《べ》に清水《しみづ》流るる柳《やなぎ》かげしばし＊4とてこそ立ちどまりつれ　西行法師《さいぎょうほうし》

＊1さやかに……はっきりと。
＊2おどろかれぬる……（秋が来たと）はっとして気づかされた。
＊3道の辺……道のほとり。
＊4しばし……少しの間。

ア ふとしたことに季節の移り変わりを感じて詠《よ》んだ歌。
イ 旅の光景を切り取り、その季節感を鮮《あざ》やかに詠んだ歌。
ウ 好きな人の訪《おとず》れを待ちこがれる、ときめきを詠んだ歌。

A □　B □　C □

2 次の和歌を読んで、あとの問いに答えましょう。

A ちはやぶる神世《かみよ》も聞かずたつた河《がは》＊から紅《くれなゐ》に水くくるとは　在原業平《ありわらのなりひら》

B 花の色は移りにけりないたづらにわが身世にふるながめせしまに　小野小町《おののこまち》

＊たつた河……竜田川《たつたがわ》。現在の奈良《なら》県を流れる川。

(1) Aの短歌から、枕詞に当たる部分を書き抜《ぬ》きましょう。
〔　　　　〕

(2) Bの短歌の――線部「ふる」は、掛詞として用いられています。「経《ふ》る（時が過ぎる）」と何がかけられていますか。漢字と送り仮名《がな》で答えましょう。
□□

3 次の説明に合う和歌集の名前を漢字で答えましょう。

現存する最古の和歌集。広い階層の人々の歌が収められている。おおらかで、力強く素朴な歌風。
〔　　　　〕

39 漢文とは?

漢文の特徴／返り点

漢文は、主に中国の文語体で書かれた文章のことです。漢文に、句読点や送り仮名《がな》、**返り点**（読む順序を示す符号《ふごう》）を付けて、日本語として読むことを**訓読**といいます。

【白文・訓読文・書き下し文】

白文
与我書
漢字だけが並んでいる、もとのままの文。

訓読文
与《あた》フ㆓我ニ書ヲ㆒。
句読点・送り仮名・返り点を付けた文。

書き下し文
我に書を与ふ。
訓読文を漢字仮名交じり文で書き改めた文。

教科書などでよく目にするのは、訓読文と書き下し文だね。

歴史的仮名遣《づか》い
読み仮名
平仮名
送り仮名
片仮名
あた
フ
与
二
返り点

【返り点】（①～⑥は読む順序。）

レ《れ》点…**レ**の下の一字を先に読み、上に返る。

例 ①徳ハ ③不《ず》㆑ ②孤《こ》ナラ。

書き下し文　徳は孤ならず。
意味　人徳のある人は孤立しない。

一・二点…**一**の付いた字までを先に読み、**二**の付いた字に返る。

例 ①我 ④与《あた》フ㆓ ②彼《かれ》ニ ③書ヲ㆒。

書き下し文　我　彼に書を与ふ。
意味　私は彼に書物を与えた。

上・下点…**一・二**の付いた字をはさみ、さらに**上**の付いた字から**下**の付いた字に返る。

例 ⑥有《り》㆘ ①朋《とも》 ④自《よ》リ㆓ ②遠 ③方㆒ ⑤来タル㆖。

書き下し文　朋　遠方より来たる有り。
意味　遠くから訪ねて来た友人がいた。

返り点のないところは、そのまま下へ読む。

答えは別冊10ページ

1 次の漢文を読んで、あとの問いに答えましょう。

・読ムレ書ヲ。　　書を読む。〔書物を読む。〕

・借ル二虎《とら》ノ威《い》ヲ一。　　虎の□。〔強い者の力を頼《たよ》って、いばる。〕

(1) ①「読ムレ書ヲ。」のように符号などを付けた文と、②「書を読む。」のように漢字仮名交じり文で書いた文を、それぞれ何といいますか。それぞれ答えましょう。

①〔　　〕　②〔　　〕

(2) 上段の漢文を読んで、下段の□に、続く文を書きましょう。

〔　　〕

2 例にならって、次の漢文に、読む順序を書きましょう。

例 ②読ムレ ①書ヲ。

(1) ○不《ず》レ○覚エレ○暁《あかつき》ヲ〔夜明けに気づかない〕

(2) ○古○人○惜《おシム》二○寸《すん》○陰《いん》ヲ一。〔昔の人は、わずかな時も惜しんだ。〕

(3) ○有リ下○能《よク》○為《なス》二○狗《く》○盗《たう(トウ)》ヲ一○者上。〔うまく犬のようにして、盗《ぬす》みをする者がいた。〕

ミス注意　**2**(3)まず、返り点の付いていない字を上から順に読み、次に一・二点の付いている字→上・下点の付いている字、という順で読もう。

40 「絶句」と「律詩」の違《ちが》いは？

漢詩の構成と技法

中学国語で習う漢詩といえば、漢字で書かれた**定型詩**のことで、昔の中国（唐《とう》の時代よりあと）の詩を指します。

これらの漢詩は、**句数（行数）**や**一句（一行）の字数**が決まっています。

【漢詩の形式】

・**絶句《ぜっく》** **四句**(**四行**)から成る
- 一句が**五字**…**五言《ごごん》絶句**
- 一句が**七字**…**七言《しちごん》絶句**

・**律詩《りっし》** **八句**(**八行**)から成る
- 一句が**五字**…**五言律詩**
- 一句が**七字**…**七言律詩**

「言」は「ゴン」と読むよ。「ゴゴン〜」と「シチゴン〜」となるんだ。

【漢詩の構成】

絶句　杜甫《とほ》

←「絶句」という題。

第一句　起句　江《かう(コウ)》ハ碧《みどり》ニシテ鳥ハ逾《いよいよ》白ク　…情景を歌い起こす。

第二句　承句　山ハ青クシテ花ハ欲《ほつ(ホッ)》スレ然《も》エント　…起句を承《う》けて発展する。

第三句　転句　今春看《みすみす》ス又《また》過グ　…場面を一転する。

第四句　結句　何《いづ(ズ)》レノ日カ是《こ》レ帰《き》年《ねん》ナラン　…全体をまとめて結ぶ。

（江・山：風物　碧・青：色彩　鳥・花：風物　逾白・欲然：色彩）

第一句と第二句が対句《ついく》。

〈現代語訳〉

川は碧色《みどり》に透《す》き通り、鳥はいっそう白く見える

山は青々として、花は今にも燃え出しそうに赤い

今年の春もあれよあれよという間に過ぎてゆく

（私は）いつ故郷に帰れるのだろう

この構成は、律詩の場合でも同様です。二句ずつ四つのまとまりとなり、**「起《き》・承《しょう》・転《てん》・結《けつ》」**となります。

【漢詩の技法】

・**対句《ついく》** 用語・組み立てが対応した二つの句を並べること。

・**押韻《おういん》** 句の終わりに、同じ音《おん》や似た響《ひび》きの字を置くこと。原則として、五言詩では偶数句《ぐうすうく》の末尾《まつび》、七言詩では第一句と偶数句の末尾に押韻します。右の漢詩では「然《ぜん》」と「年《ねん》」。

基本練習

答えは別冊10ページ

次の漢詩を読んで、下の問いに答えましょう。

春《しゅん(シュン)》暁《げう(ギョウ)》　孟《まう(モウ)》浩《かう(コウ)》然《ねん》

春《しゅん(シュン)》眠《みん》不《ず》レ覚エレ暁《あかつき》ヲ
処処聞ク二啼《てい》鳥《てう(チョウ)》ヲ一
夜来風雨ノ声
花落ツルコト知ル多少

〔現代語訳〕
春の眠《ねむ》りは（気持ちがよくて）夜明けに気づかないほどだ
あちこちで、鳥のさえずりが聞こえる
昨夜は雨交じりの風が吹《ふ》いていた
庭の花はどれほど散ったことだろう

---

(1) この漢詩の形式を次から一つ選び、記号で答えましょう。
ア 五言絶句
イ 七言絶句
ウ 五言律詩
エ 七言律詩

［　　］

(2) この漢詩の構成を、漢字四字でどのようにいいますか。

〔　　〕・〔　　〕・〔　　〕・〔　　〕

(3) 押韻している漢字を、第一句の「暁《ギョウ》」の他にあと二つ、書き抜《ぬ》きましょう。

〔　　〕・〔　　〕

ミス注意
(3) 第二句から第四句の終わりの漢字を音読みして、似た響きになる漢字を選ぼう。

41 「子《し》曰《い》は《（ワ）》く」はどんな意味?

漢文を訓読するときの基本的な文体は、古文と同じ**文語体**です。

ここでは、「～いわく」や「～なかれ」など、『論語《ろんご》』に出てくる漢文特有の言い回しを覚えましょう。

【漢文特有の言い回しとその意味】

会話の引用　**～曰《い》は《（ワ）》く～と。**〔～が言う〈言われる〉には～と。〕

例　子《し》曰はく、「学びて時に之《これ》を習ふ《（ウ）》、～。」と。

〔先生が言われるには、「学んで機会があるごとに、これを復習して身につける（ことは）、～。」と。〕

原因・結果　**～ば則《すなは》《（スナワ）》ち…**〔～ならば…〕

例　学びて思は《（ワ）》ざれば則ち罔《くら》し。

〔学習しても、それをよく考えなければ、理解があやふやになる。〕

禁止　**～勿《な》かれ。**〔～してはいけない。〕

例　己《おのれ》の欲《ほつ》《（ホッ）》せざる所は、人に施《ほどこ》すこと勿かれ。

〔自分がしてほしくないことは、人にしてはいけない。〕

詠嘆《えいたん》　**また～ずや。**〔何と～ではないか。〕

例　亦《また》説《よろこ》ばしからずや。

〔何とうれしいことではないか。〕

【漢文に出てくる、意味を間違《まちが》えやすい言葉】

子《し》　先生。男子に対する敬称《けいしょう》。『論語』では、師である孔子《こうし》のこと。

（日本語では、「子供」のこと。）

故人《こじん》　昔なじみの人。旧友。

（日本語では、「亡《な》くなった人」のこと。）

多少《たせう》《（ショウ）》　どれくらい。

（日本語では、「いくらか。少し」のこと。）

答えは別冊11ページ

1

次の――線部は、どのような意味を表す語法ですか。あとから選び、記号で答えましょう。

(1) 学ビテ而不《ざ》レレバ思ハ則《すなは》(スナハ)チ罔《くら》シ。

(2) 己《おのれ》ノ所レハ不《ざ》レル欲《ほつ》(ホッ)セ、勿《な》レカレ施《ほどこ》二スコト於人一ニ。

(3) 学ビテ而時ニ習レフ之《これ》ヲ、不《ず》二亦《また》説《よろこ》一バシカラ乎《や》。

(4) 子《し》曰《い》ハク、「吾《われ》十有五ニシテ而志二スト于学一ニ」。

ア 会話の引用を示す　**イ** 原因・結果

ウ 禁止　**エ** 詠嘆

2

次の漢文の現代語訳を完成させましょう。

(1) 非《あら》レザレバ礼ニ勿《な》レカレ言フ。（礼に非ざれば言ふ《う》勿かれ。）

礼（礼儀《れいぎ》作法）に合わないことは、

(2) 不《ず》二亦《また》楽一シカラ乎《や》。（亦楽しからずや。）

3

「子曰はく」の「子」は、『論語』では誰《だれ》を指していますか。次から一つ選び、記号で答えましょう。

ア 子供

イ 孔子

ウ 孔子の弟子《でし》たち

ミス注意

2 (2) 「亦《また》」は、ここでは現代語の「また」と訳さない。「亦～ずや」で詠嘆の意味を表していることに気をつけよう。

1章
2章
3章
4章
5章 古典

復習テスト 5

5章 古典

得点　／100点

答えは別冊11ページ

1　次の文章を読んで、あとの問いに答えましょう。

【各8点　計24点】

①神無月のころ、栗栖野《くるすの》といふ所を過ぎて、ある山里にたづね入《い》ることはべりしに、はるかなる苔《こけ》の細道を踏《ふ》み分けて、心細く住みなしたる②いほりあり。

はべりしに：ございましたが
はるかなる：ずっと遠くまで続いている
心細く：ものさびしい様子で
住みなしたる：住んでいる
いほり：粗末な小さな家

（兼好法師《けんこうほうし》「徒然草《つれづれぐさ》」より）

(1) 「徒然草」は、何時代に書かれた作品ですか。次から一つ選び、記号で答えましょう。

ア 平安《へいあん》時代　イ 鎌倉《かまくら》時代　ウ 室町《むろまち》時代　［　　］

(2) ——線部①「神無月」は十月のことです。この読み方を現代仮名遣《かなづか》いの平仮名で書きましょう。

［　　　　］

(3) ——線部②「いほりあり」に省略されている助詞を、平仮名一字で答えましょう。

［　　　　］

2　次の文章を読んで、あとの問いに答えましょう。

【各10点　計20点】

与一《よいち》目をふさいで、

「（中略）いま一度本国へ迎《むか》へんとおぼしめさば、この矢はづさせたまふな。」と心のうちに祈念《きねん》して、目を見開いたれば、風も少し吹《ふ》き弱り、扇《あふぎ》も射よげにぞなつたり（　　）。

迎へん：帰そうと
おぼしめさば：お思いになるならば
射よげに：射やすくなっていた

（「平家《へいけ》物語」より）

(1) ——線部「はづさせたまふな」を現代仮名遣いに直して書きましょう。

［　　　　］

(2) （　　）に当てはまる文末の言葉を次から一つ選び、記号で答えましょう。　［　　］

ア けり（終止形）
イ ける（連体形）
ウ けれ（已然形《いぜん》）

3 次の漢文を書き下し文にしましょう。 【各8点 計16点】

(1) 有リ二好ムレ学ヲ者一。

〔　　　　〕

(2) 百聞ハ不ずレ如カ二一見ニ一。〈「不《ず》」は平仮名で書きます。〉

〔　　　　〕

4 次の漢詩を読んで、あとの問いに答えましょう。 【各10点 計30点】

春望　杜《と》甫《ほ》

国破レテ山河在リ
城春ニシテ草《さう》(ソウ)木《もく》深シ
感ジテハレ時ニ花ニモ濺《そそ》ギレ涙《なみだ》ヲ
恨《うら》ンデハレ別レヲ鳥ニモ驚《おどろ》カスレ心ヲ

烽《ほう》火《くわ》(カ)連ナリ二三《さん》月《げつ》ニ一
家《か》書《しょ》抵《あた》ル二万□ニ一
白頭搔《か》ケバ更《さら》ニ短ク
渾《す》ベテ欲《ほっ》(ホッ)スレ不《ざ》ラントレ勝《た》ヘ(エ)レ簪《しん》ニ

(1) この漢詩の形式を、漢字四字で答えましょう。

□□□□

(2) この漢詩は、第一句と第二句、第三句と第四句、第五句と第六句が、それぞれ互《たが》いに用語・組み立てが対応するように作られています。このような技法を何といいますか。

〔　　　　〕

(3) この漢詩は、第二句、第四句、第六句、第八句の句の終わりで押韻《おういん》しています。□に入る漢字を次から選び、記号で答えましょう。

ア 夢　イ 江　ウ 金　エ 風

□

5 次の和歌の情景から感じられることとして適切なものをあとから一つ選び、記号で答えましょう。 【10点】

東《ひむがし》の野に炎《かぎろひ》の立つ見えてかへり見すれば月傾《かたぶ》きぬ

柿本人麻呂《かきのもとのひとまろ》

ア 雄大《ゆうだい》さ　イ 荒々《あらあら》しさ
ウ 華《はな》やかさ　エ 慌《あわ》ただしさ

□

巻末資料

＊巻末資料には、P.8〜P.17に掲載《けいさい》しきれなかった四字熟語、類義語、対義語、多義語、同訓異字、同音異義語、特別な読み方、慣用句、ことわざ、故事成語をまとめています。
＊よく使うものが多いので、P.8〜P.17の学習と一緒《いっしょ》に、意味や使い方の例文を確認《かくにん》しましょう。

四字熟語

P.8〜9で学習

	〈意味〉
暗中模索《あんちゅうもさく》	手がかりがないままに、いろいろとやってみること。
異口同音《いくどうおん》	多くの人が、口をそろえて同じことを言うこと。
以心伝心《いしんでんしん》	言葉にしなくても、相手に気持ちや考えが伝わること。
一日《いちじつ》《いちにち》千秋《せんしゅう》	非常に待ち遠しいこと。
一進一退《いっしんいったい》	状態や情勢が、よくなったり悪くなったりすること。
一石二鳥《いっせきにちょう》	一つのことをして、二つの利益を得ること。
我田引水《がでんいんすい》	自分に都合のよいように、言ったり、したりすること。
疑心暗鬼《ぎしんあんき》	疑い出すと、何でもないことまで信じられなくなること。
喜怒哀楽《きどあいらく》	喜び・怒《いか》り・悲しみ・楽しみ。いろいろな感情。
空前絶後《くうぜんぜつご》	今までになく、これからもないと思われるほど、非常に珍《めずら》しいこと。
五里霧中《ごりむちゅう》	心が迷って、どうしたらよいかわからなくなること。
自画自賛《じがじさん》	自分で自分のことを褒《ほ》めること。

自問自答《じもんじとう》	自分で問いかけて、自分で答えること。
十人十色《じゅうにんといろ》	人によって考え方や好みなどがさまざまなこと。
支離滅裂《しりめつれつ》	まとまりがなくて、ばらばらである様子。
絶体絶命《ぜったいぜつめい》	追いつめられて、どうすることもできないこと。
千差《せんさ》万別《ばんべつ》《まんべつ》	さまざまな種類があり、それぞれ違《ちが》っていること。
前代未聞《ぜんだいみもん》	今までに聞いたこともないような珍しいこと。
大同小異《だいどうしょうい》	少しの違いはあるが、だいたいは同じであること。
単刀直入《たんとうちょくにゅう》	前置きもなく、いきなり話の中心に入ること。
東奔西走《とうほんせいそう》	目的のために、あちこち忙《いそが》しく走り回ること。
日進月歩《にっしんげっぽ》	絶え間なく進歩すること。
半信半疑《はんしんはんぎ》	半ば信じ、半ば疑うこと。本当かどうか迷うこと。
美辞麗句《びじれいく》	美しく飾《かざ》った言葉。
優柔不断《ゆうじゅうふだん》	ぐずぐずして、物事をはっきり決められないこと。
油断大敵《ゆだんたいてき》	失敗や事故のもとになるので、油断は恐《おそ》ろしい敵であるということ。

類義語

P.10～11で学習

〈意味〉

- **永久《えいきゅう》**：ある状態がいつまでも限りなく続くこと。
- **永遠《えいえん》**：時間を超《こ》えて存在すること。例永遠の愛。

- **我慢《がまん》**：つらいことや欲望をおさえて、こらえること。
- **忍耐《にんたい》**：つらいことや苦しいことをじっとこらえること。

- **関心《かんしん》**：心を引かれて、それに注意を向けること。例無関心
- **興味《きょうみ》**：おもしろみを感じて、心が引きつけられること。

- **簡単《かんたん》**：単純なこと。手間がかからないこと。例簡単な方法。
- **容易《ようい》**：たやすいこと。やさしいこと。

- **願望《がんぼう》**：そうなってほしいと願い望むこと。例変身願望
- **希望《きぼう》**：こうなってほしいと望み願うこと。例明日への希望。

- **倹約《けんやく》**：無駄《むだ》を省いて費用を切りつめること。例倹約家
- **節約《せつやく》**：無駄づかいをやめること。ひかえめに使うこと。

- **賛成《さんせい》**：人の考えや意見に同意すること。例賛成意見
- **同意《どうい》**：相手の意見に賛成すること。また、その意見。

- **摂取《せっしゅ》**：外から取り入れて自分のものにすること。例ビタミン摂取
- **吸収《きゅうしゅう》**：物を吸い込《こ》むこと。知識などを取り入れること。

- **体裁《ていさい》**：外から見た感じ。世間体《せけんてい》。例体裁が悪い。
- **外聞《がいぶん》**：世間への聞こえ。評判。例外聞を気にする。

- **発展《はってん》**：勢いがよくなり、栄えていくこと。例町の発展。
- **発達《はったつ》**：成長して、前より立派になること。例心身の発達。

対義語

P.10～11で学習

〈意味〉

- **一般《いっぱん》**：普通《ふつう》であること。
- **特殊《とくしゅ》**：普通と違《ちが》って、特別であること。

- **感情《かんじょう》**：刺激《しげき》を受けて起こる、さまざまな気持ち。
- **理性《りせい》**：物事を筋道に従って判断する心の動き。

- **偶然《ぐうぜん》**：思いがけずそうなること。
- **必然《ひつぜん》**：必ずそうなると決まっていること。

- **権利《けんり》**：しても、またはしなくてもよいという資格。
- **義務《ぎむ》**：しなければならないこと。

- **主観《しゅかん》**：その人ひとりだけの考え方・見方。
- **客観《きゃっかん》**：個人的な考え方に捕《と》らわれない考え方。

- **需要《じゅよう》**：手に入れたいとする要求。
- **供給《きょうきゅう》**：求められている物を与《あた》えること。

- **絶対《ぜったい》**：比べるものや対立するものがないこと。
- **相対《そうたい》**：他のものと関係し合って存在すること。

- **内容《ないよう》**：物や事の中に含《ふく》まれている中身。
- **形式《けいしき》**：物や事の形や型。

- **模倣《もほう》**：まねること。
- **独創《どくそう》**：自分の新しい考えでつくりだすこと。

- **理想《りそう》**：考えられる中で最善の状態。
- **現実《げんじつ》**：現に事実としてある状態。

多義語

P.10～11で学習

〈意味〉

高い

- 縦に長い。位置が上の方にある。例背が高い。
- 声や音が大きい。例テレビの音が高い。
- 程度や勢いが激しい。例香りが高い花。
- 買うのに多額のお金がいる。例高い本を買う。

弾《はず》む

- ものにぶつかって、跳《は》ね返る。例ボールが弾む。
- 調子づく。勢いにのる。例話が弾む。
- 息が激しくなる。胸がどきどきする。例息が弾む。
- 気前よく多額の金を出す。例小遣《こづか》いを弾む。

P.12〜13で学習

同訓異字

〈例文〉

会《あ》う	人に会う。
合う	計算が合う。
遭う	事故に遭う。

暑《あつ》い	今日は暑い。
熱い	お湯が熱い。
厚い	この本は厚い。

現《あらわ》す	目前に姿を現す。
表す	喜びを顔に表す。
著す	書物を著す。

映《うつ》る	山が湖面に映る。
写る	写真に写る。
移る	席を移る。

冒《おか》す	危険を冒す。
犯す	あやまちを犯す。
侵す	国境を侵す。

納《おさ》める	税金を納める。
修める	学問を修める。
収める	成功を収める。
治める	国を治める。

省《かえり》みる	言動を省みる。
顧みる	幼い日を顧みる。

変《か》える	形を変える。
代える	挨拶《あいさつ》に代える。
換える	物を金に換える。

掛《か》ける	壁《かべ》に絵を掛ける。
架ける	川に橋を架ける。
懸ける	賞金を懸ける。

取《と》る	料金を取る。
捕る	魚を捕る。
撮る	写真を撮る。
執る	事務を執る。

指《さ》す	方位磁針《じしん》が北を指す。
差す	夕日が差す。
刺す	団子を串《くし》に刺す。

閉《し》める	戸を閉める。
締める	ねじを締める。
占める	八割を占める。

進《すす》める	計画を進める。
勧める	加入を勧める。
薦める	よい本を薦める。

耐《た》える	苦しさに耐える。
堪える	鑑賞《かんしょう》に堪える。
絶える	人通りが絶える。

裁《た》つ	布を裁つ。
絶つ	連絡《れんらく》を絶つ。
断つ	退路を断つ。

努《つと》める	解決に努める。
務める	役員を務める。
勤める	会社に勤める。

延《の》びる	雨で予定が延びる。
伸びる	身長が伸びる。

計《はか》る	時間を計る。
量る	重さを量る。
図る	便宜《べんぎ》を図る。

P.12〜13で学習

同音異義語

〈意味〉

異義《いぎ》	違《ちが》う意味。
異議	違った意見。反対意見。
意義	わけ。意味。価値。

以前《いぜん》	そのときよりも前。
依然	変わらないでもとのままである様子。

解放《かいほう》	制限をといて、自由にすること。
開放	開けはなつこと。
快方	病気などがよくなってくること。
介抱	病人などの世話をすること。

換気《かんき》	空気を入れ換《か》えること。
歓喜	非常に喜ぶこと。
喚起	注意を呼び起こすこと。

関心《かんしん》	心を引かれ、注意を向けること。
感心	深く心を動かされること。
歓心	うれしいと思う気持ち。

既成《きせい》	事柄《ことがら》がすでに出来上がっていること。
既製	品物としてすでに出来上がっていること。
規制	規則を定めて制限すること。きまり。

胸囲《きょうい》	胸のまわりの大きさ。
脅威	力によって脅《おど》すこと。
驚異	不思議さ・すばらしさなどに驚《おどろ》くこと。

観賞《かんしょう》	ものを見て味わい、楽しむこと。
鑑賞	芸術作品などを理解し、深く味わうこと。
干渉	立ち入って口出しすること。
感傷	心を動かされて、悲しみ・寂《さび》しさを感じること。

構成《こうせい》	組み立て。
厚生	人々の健康を高め、生活を豊かにすること。
更生	好ましくない心や生活を改めること。

思考《しこう》	考えること。
試行	試《ため》しにやってみること。
施行	計画などを実行すること。

精算《せいさん》	運賃や費用などを細かく計算して結果を出すこと。
清算	貸し借りの整理や始末をすること。
成算	成功の見込《みこ》み。

対象《たいしょう》	行為《こうい》の目当てとなるもの。
対照	照らし合わせて比べること。
対称	互《たが》いに対応してつり合っていること。

追求《ついきゅう》	どこまでも追い求めること。
追及	原因や責任を、どこまでも問い詰めること。
追究	物事を深く調べて、研究すること。

非難《ひなん》（批難）	欠点や過失などを責めとがめること。
避難	災難をさけて、安全な場所に移ること。

普遍《ふへん》	広く行き渡《わた》ること。すべてのものに共通に当てはまること。
不変	変わらないこと。
不偏	かたよらないこと。

保障《ほしょう》	保護《ほご》して守ること。
保証	うけ合うこと。責任をもつこと。
補償	与《あた》えた損害を埋《う》め合わせること。

特別な読み方（中学で学習するもの）

小豆《あずき》　硫黄《いおう》　意気地《いくじ》　田舎《いなか》　海原《うなばら》　乳母《うば》

浮《うわ》つく　笑顔《えがお》　叔父《おじ》・伯父《おじ》　乙女《おとめ》　叔母《おば》・伯母《おば》

お巡《まわ》りさん

鍛冶《かじ》　風邪《かぜ》　固唾《かたず》　仮名《かな》　為替《かわせ》　心地《ここち》

早乙女《さおとめ》　差《さ》し支《つか》える　五月《さつき》　早苗《さなえ》　五月雨《さみだれ》　時雨《しぐれ》

尻尾《しっぽ》　竹刀《しない》　老舗《しにせ》　芝生《しばふ》　三味線《しゃみせん》　砂利《じゃり》

白髪《しらが》　相撲《すもう》　草履《ぞうり》

太刀《たち》　立《た》ち退《の》く　足袋《たび》　梅雨《つゆ》　凸凹《でこぼこ》

名残《なごり》　雪崩《なだれ》

二十《はたち》・二十歳《はたち》　波止場《はとば》　日和《ひより》　吹雪《ふぶき》

土産《みやげ》　息子《むすこ》　紅葉《もみじ》　木綿《もめん》　最寄《もよ》り

大和《やまと》　弥生《やよい》　行方《ゆくえ》　若人《わこうど》

慣用句

P.14～15で学習

	〈意味〉
額《ひたい》を集《あつ》める	集まって熱心に相談する。
目《め》からうろこが落《お》ちる	わからなかったことが突然《とつぜん》わかるようになる。
鼻《はな》が高《たか》い	得意になって誇《ほこ》りに思う。
鼻《はな》であしらう	相手をばかにして、冷たく扱《あつか》う。
舌《した》を巻《ま》く	驚《おどろ》き、感心する。
耳《みみ》が痛《いた》い	弱点を言われて、聞くのがつらい。
耳《みみ》を疑《うたが》う	聞いたことが信じられない。
首《くび》を長《なが》くする	今か今かと待ち望む。
手《て》を焼《や》く	もて余す。
肩《かた》を並《なら》べる	対等な位置や立場に立つ。
胸《むね》が騒《さわ》ぐ	不安で心が落ち着かない。
腰《こし》が低《ひく》い	いばらないで、へりくだる。
足《あし》が棒《ぼう》になる	疲《つか》れて足がこわばる。
足《あし》もとを見《み》る	弱点を見透《みす》かして、弱みにつけこむ。
襟《えり》を正《ただ》す	姿勢を正して、気を引きしめる。
尾《お》ひれをつける	いろいろと付け加えて、話を大げさにする。
重荷《おもに》を下《お》ろす	責任を果たし終えて、ほっとする。
かぶとを脱《ぬ》ぐ	降参する。負ける。
釘《くぎ》を刺《さ》す	あとで問題にならないように、前もって念をおす。
さじを投《な》げる	見込《みこ》みがないと諦《あきら》める。
しびれを切《き》らす	待ちくたびれて、我慢《がまん》できなくなる。
隅《すみ》に置《お》けない	思っていたよりも優《すぐ》れていて、軽視できない。
白紙《はくし》に戻《もど》す	もとの何もなかった状態に戻す。
火《ひ》に油《あぶら》をそそぐ	物事の勢いをいちだんと激しくさせる。

ことわざ

P.16～17で学習

	〈意味〉
青菜《あおな》に塩《しお》	急に元気なくしおれる様子。
石橋《いしばし》をたたいて渡《わた》る	非常に用心深いこと。類 **転ばぬ先のつえ・念には念を入れよ**
魚心《うおごころ》あれば水心《みずごころ》	相手が好意をもてば、こちらも好意をもつようになる。
果報《かほう》は寝《ね》て待《ま》て	幸運はあせらずに、運が向くのを待つのがよい。
弘法《こうぼう》にも筆《ふで》の誤《あやま》り	名人といわれる人でも、時には失敗する。類 **猿《さる》も木から落ちる・かっぱの川流れ**
捨《す》てる神《かみ》あれば拾《ひろ》う神《かみ》あり	世間はいろいろなので、見捨てる人もあれば、助けてくれる人もある。くよくよする必要はない。
背《せ》に腹《はら》はかえられぬ	差し迫《せま》った危機を切りぬけるためには、少々の犠《ぎ》牲《せい》はしかたがない。
月《つき》とすっぽん	比べものにならないほど違《ちが》うこと。類 **ちょうちんに釣鐘《つりがね》**
灯台《とうだい》もと暗《くら》し	身近なことはかえってわかりにくい。
どんぐりの背比《せいくら》べ	似たり寄ったりで平凡《へいぼん》なものばかりであること。
泣《な》き面《つら》に蜂《はち》	不幸・不運の上に、さらによくないことが重なること。類 **弱り目にたたり目**
情《なさ》けは人《ひと》のためならず	人にかけた情けはいつか自分に返ってくる。
二《に》兎《と》を追《お》う者《もの》は一《いっ》兎《と》をも得《え》ず	同時に二つのことを得ようとすると、一つも得ることができない。

ぬかに釘《くぎ》	何の手ごたえもなく、効き目がないこと。類のれんに腕押《うでお》し・とうふにかすがい〈かすがい＝二つのものをつなぐ金具。〉
ぬれ手《て》で粟《あわ》（ぬれ手《て》に粟《あわ》）	苦労しないで利益を得ること。
猫《ねこ》に小判《こばん》	価値のあるものでも、もつ人によっては何の役にも立たない。類豚《ぶた》に真珠《しんじゅ》・馬の耳に念仏
待《ま》てば海路《かいろ》の日和《ひより》あり	あせらないで気長に待っていれば、必ずよいことがある。
焼《や》け石《いし》に水《みず》	努力や援助《えんじょ》がわずかで、効き目がないこと。
柳《やなぎ》の下《した》にどじょうはいつもいない	一度うまく行ったからといって、いつもうまく行くとは限らない。
渡《わた》りに船《ふね》	何かするときに、都合のよい条件が整うこと。

故事成語

P.16〜17で学習

	〈意味〉
一挙両得《いっきょりょうとく》	一つのことをして、同時に二つの利益があること。類一石二鳥
烏合《うごう》の衆《しゅう》	規律もまとまりもない人々の集まり。
臥薪嘗胆《がしんしょうたん》	ある目的を達成するために、大変な苦心や苦労をすること。
画竜点睛《がりょうてんせい》（を欠《か》く）	物事を完成させるために最後に加える大切な仕上げ（が足りない）。
間髪《かんはつ》を入《い》れず	間をおかずに。すぐに。
杞憂《きゆう》	余計な心配をすること。取りこし苦労。
玉石混交《ぎょくせきこんこう》	優《すぐ》れたものとつまらないものとが入り混じっていること。
蛍雪《けいせつ》の功《こう》	苦労して学問に励《はげ》み、成功すること。
呉越同舟《ごえつどうしゅう》	仲の悪い者どうしが同席すること。また、共通の目的で協力すること。
塞翁《さいおう》が馬《うま》	人間の幸・不幸は予測できないものだということ。
杜撰《ずさん》	いいかげんで、手ぬかりが多いこと。
青天《せいてん》の霹靂《へきれき》	突然起こる、思いがけない出来事や大事件。
他山《たざん》の石《いし》	自分より劣《おと》ったものや無関係なものでも、自分の向上のために役立つこと。
蛇足《だそく》	あとから付け加えられた、よけいなもの。
断腸《だんちょう》の思《おも》い	はらわたがちぎれるほどの痛切な思い。深い悲しみ。
朝三暮四《ちょうさんぼし》	うまい言葉で人をだますこと。目先の違《ちが》いに気をとられ、結果が同じになることに気がつかないこと。
登竜門《とうりゅうもん》	そこを通れば出世できるといわれる関門。
虎《とら》の威《い》を借《か》る狐《きつね》	強い者の力や勢いを頼《たよ》っていばることや、いばる人のこと。
背水《はいすい》の陣《じん》	あとに引けないようにして、全力を尽《つ》くすこと。
覆水盆《ふくすいぼん》に返《かえ》らず	一度してしまったことは取り返しがつかないこと。
傍若無人《ぼうじゃくぶじん》	周囲の人にかまわず、勝手気ままに振《ふ》る舞《ま》うこと。
矛盾《むじゅん》	二つの事柄《ことがら》のつじつまが合わないこと。

中学国語をひとつひとつわかりやすく。 改訂版

本書は，個人の特性にかかわらず，内容が伝わりやすい配色・デザインに配慮し，
メディア・ユニバーサル・デザインの認証を受けました。

MUD
P10418

編集協力
浅沼美加

カバーイラスト・シールイラスト
坂木浩子

本文イラスト
たむらかずみ

ブックデザイン
山口秀昭（Studio Flavor）

メディア・ユニバーサル・デザイン監修
NPO法人メディア・ユニバーサル・デザイン協会　伊藤裕道

DTP
㈱四国写研

中学国語を
ひとつひとつわかりやすく。
［改訂版］

解答と解説

軽くのりづけされているので，
外して使いましょう。

Gakken

01 漢字の部首・筆順・画数
本文7ページ

1 (1)艹 (2)扌 (3)心 (4)口

2 (1)しんにょう〔しんにゅう〕 (2)まだれ (3)れんが〔れっか〕 (4)ぎょうにんべん

3 (1)ア (2)イ

4 (1)十 (2)十一

解説 **4**(1)右側の「方」は四画です。(2)「阝（おおざと）」は三画で書きます。

02 熟語の構成にはどんな種類があるの？
本文9ページ

1 (1)樹木 (2)発着 (3)暖流 (4)排水 (5)人造 (6)無縁 (7)美化

2 (1)イ (2)ア (3)ア (4)ウ

3 (1)一退 (2)万別 (3)油断 (4)半信

解説 **3**(2)「千差万別《ばんべつ》」は「多くのものがそれぞれ違《ちが》っていること。種類が多いこと」という意味です。

03 言葉の意味と使い分け
本文11ページ

1 (1)単 (2)段 (3)興 (4)同

2 (1)イ (2)ア

3 (1)実 (2)偶 (3)直 (4)軽

4 (1)ウ (2)エ

解説 **2**(1)「蓄《たくわ》える」は、あとで使うためにお金や労力などをためるというときに使います。

04 同じ読みの言葉
本文13ページ

1 (1)イ (2)ア (3)ア (4)ア

2 (1)イ (2)ア (3)イ

解説 **1**(1)空気や地面などが乾燥《かんそう》するというときは「乾《かわ》く」、喉《のど》がかわくというときは「渇《かわ》く」と書きます。**2**(3)アは「利益を追求する。」「理想を追求する。」、イは「責任を追及《ついきゅう》する。」「犯人を追及する。」、ウは「真理を追究する。」「学問を追究する。」などのように使います。

05 慣用句とは？
本文15ページ

1 (1)足 (2)手 (3)目

2 (1)鼻が高いでしょう (2)肩をもってくれた

3 (1)油 (2)葉

解説 **2**(1)「鼻が高い」は「誇《ほこ》らしく思う。得意である」、(2)「肩《かた》をもつ」は「味方をする。ひいきする」という意味の慣用句です。

06 ことわざ・故事成語とは？
本文17ページ

1 (1)エ (2)ウ (3)ア

2 エ

3 (1)イ (2)ア

解説 **2**口論に加わっていない「弟」がケーキを食べてしまったので、エの「漁夫《ぎょふ》の利《り》」が当てはまります。**3**(1)作品を完成させるまでに文章を何度も練り直すことを表す故事成語は、イの「推《すい》敲《こう》」です。

07 敬語にはどんな種類があるの？
本文19ページ

1 (1)ア (2)イ (3)ウ (4)イ

2 イ

3 (1)例召しあがって (2)例いただき (3)例いらっしゃる〔おいでになる〕

解説 **1**(3)丁寧《ていねい》の助動詞「ます」が使われています。(4)「お〜する」は謙譲《けんじょう》語の表現です。**2**アには尊敬語の「話された」が、ウには丁寧語の「です」が、エには謙譲語の「伺《うかが》う」が使われています。

復習テスト1（本文20〜21ページ）

1 (1)うかんむり・六 (2)きへん・十

2 (1)①エ ②ウ (2)①的 ②非 (3)①引水 ②十色

3 (1)イ (2)ア

4 消費↔生産（順不同）

5 (1)ウ (2)ア

6 (1)イ (2)ア (3)ア

7 (1)①努 ②務 (2)①開放 ②解放

8 (1)ウ (2)イ (3)ア

解説 **2** (1)①「日没《にちぼつ》(日が↓没《ぼっ》する)」とエ「雷《らい》鳴《めい》(雷《かみなり》が↓鳴る)」が主語・述語、②「海水(海の↓水)」とウ「再会(再び↓会う)」が、上が下を詳《くわ》しくする構成です。(3)①は「我田引水《がでんいんすい》」、②は「十人十《じゅうにんと》色《いろ》」と読みます。**3** (2)一般《いっぱん》に、アの「改善」は人間に関すること、ものに関することのどちらにも、イの「改良」はものに関することに使います。

08 言葉の単位とは？

本文23ページ

1 ①文節 ②単語

2 (1)例この〈ね〉本は〈ね〉とても〈ね〉おもしろい。〈よ〉
(2)例駅前に〈ね〉新しい〈ね〉ビルが〈ね〉できた。〈よ〉

3 (1)プリン|の|材料|は|卵|と|牛乳|です|。
(2)私|の|兄|は|とても|背|が|高い|。

4 ア

解説 **2** 文節の位置が正しければ、「ね・さ・よ」の使い方は、このとおりでなくても正解です。

09 文節どうしの関係

本文25ページ

1 (1)イ (2)エ (3)カ (4)ア (5)オ (6)ウ

2 (1)ハンカチと・財布を (2)まじめで・努力家だ

3 (1)イ (2)ア

解説 **1** (4)文節どうしが離《はな》れていますが、「誰《だれ》が―どうする」を表しているので、主・述の関係です。(6)「だから」は、前後の文をつないでいます。**2** 対等の役割で並んでいる二つの文節を書き抜《ぬ》きます。**3** 補助的な意味を添《そ》える語句は、(1)「置いて|ある」、(2)「終わって|しまう」のように、多くの場合、「～て（で）」の形に続きます。「ある・しまう」の他に、補助的な意味を添える語句には、「あげる・いく・いる・くる・みる・ない・ほしい」などがあります。

10 文の成分とは？

本文27ページ

1 (1)イ (2)ア (3)ウ (4)オ (5)エ

2 (1)多くの人が (2)活発な青年です (3)冷たいジュースを

解説 **1** (3)「ゆっくり」は、述語の「進む」を修《しゅう》飾《しょく》しています。(4)「おやつ」は、他のどの文節とも直接関係がありません。(5)「疲《つか》れたので」は理由を表していて、あとに続く部分につなぐ働きをしています。**2** (1)「多くの」は「人が」を修飾して、「多くの人が」の連文節で主部になっています。

11 品詞とは？

本文29ページ

1 (1)十 (2)名詞 (3)エ・カ

2 (1)形容動詞 (2)動詞 (3)形容詞

3 固い

解説 **2** (1)～(3)の品詞の単語の例としては、(1)は「静かだ・静かです／きれいだ・きれいです」、(2)は「考える・飛ぶ」、(3)は「白い・楽しい」などがあります。**3**「固い」は形容詞、他の単語は動詞です。

12 動詞とは？

本文31ページ

1 作る 吸う かつぐ

2 (1)体が水に浮く。
(2)朝、食事することは、とても大事です。
(3)洗濯物は僕が干すからね。
(4)窓から入る風が涼しい。

3 (1)下一段 (2)五段

4 (1)イ (2)オ

解説 **2** (2)「食事する」は、名詞の「食事」と「する」が結び付いてできた単語で、サ変動詞です。**3** 動詞に「ナイ」を続けて、直前の音がア段の音なら五段活用、イ段の音なら上一段活用、エ段の音なら下一段活用。(1)は「集め(me)ナイ」で「ナイ」の直前はエ段の音、(2)は「遊ば(ba)ナイ」で「ナイ」の直前はア段の音です。

13 形容詞・形容動詞とは？

本文33ページ

1 細かい　柔らかい　速い

2 爽やかだ　素直だ　厳かです

3 (1)今日はとても寒い。

(2)部屋がもう少し広ければ助かるのに。

(3)すばやくボールをキャッチした。

4 (1)母はいつも元気です。

(2)昨日は、もっと暖かだった。

(3)静かな暮らしをする。

5 (1)暑い　(2)つらい　(3)心配だ

解説 **2**「だ・です」で終わる単語のうち、「学生だ」は、「学生」という人を表す単語（名詞）に「だ」が付いたもので、形容動詞ではありません。

3の(2)は「広ければ」、**4**の(2)は「暖かだった」のように、付属語を除いて線を引きます。

14 名詞とは？

本文35ページ

1 ベッド　そちら　太平洋　三つ

2 (1)ア　(2)イ　(3)イ　(4)ウ

3 (1)『坊っちゃん』は、夏目漱石の作品です。

(2)英語を習い始めて二年たちます。

4 (1)ウ　(2)ア　(3)イ

解説 **1**「そちら」は、方向を示す代名詞です。

2(1)イ「徳川家康《とくがわいえやす》」、ウ「琵琶湖《びわこ》」、エ「北海道《ほっかいどう》」は固有名詞。(2)ア「私」とエ「そこ」は代名詞、ウ「バナナ」は普通《ふつう》名詞。(3)ア「右側」とウ「中学生」は普通名詞、エ「六人」は数詞。(4)アとイの「もの」は普通名詞。**4**(1)「店に」は「入ってきた」という述部を修飾《しゅうしょく》しています。(2)「風が」が主語で、「吹《ふ》く」が述語。(3)「待ち合わせは」が主語で、「五時だ」が述語。

15 副詞とは？

本文37ページ

1 いきなり　すぐに　ゆっくり　そっと

2 (1)雲が切れると、ついに山頂が見えたのです。

(2)昨夜はかなり遅くまで起きていた。

(3)ふと、水の流れる音に気づく。

3 (1)昔の　(2)届く

4 (1)まるで〔あたかも〕　(2)なぜ〔どうして・何で〕　(3)ない〔ぬ〕

(4)だろう〔はずだ・でしょう・に違いない・と思う〕

解説 **3**(1)副詞「もっと」は、名詞を含《ふく》む文節「昔の」を修飾《しゅうしょく》しています。(2)副詞「やっと」は、動詞「届く」を修飾しています。

16 連体詞・接続詞・感動詞とは？

本文39ページ

1 (1)僕は、友達からおかしな話を聞いた。

(2)もしよかったら、その本を貸してもらえませんか。

(3)どれを選んでも、たいした違いはなさそうだ。

(4)どうやったら成功するかを、あらゆる角度から検討する。

2 (1)エ　(2)ウ　(3)オ　(4)ア

3 (1)ウ　(2)エ　(3)ア

4 (1)もしもし、森田さんのお宅ですか。

(2)あれ、お客様はもうお帰りになったのですか。

(3)では、また明日、さようなら。

(4)いいえ、私はまだその映画を見ていません。

解説 **2**(3)は「強風が吹《ふ》いている」ことに、「雨も降ってきた」ことを付け加えているので、オ「そのうえ」。**3**(1)は逆接、(2)は対比・選択《せんたく》、(3)は順接。**4**感動詞は独立語にしかならない単語で、ほとんどの場合、文頭にあります。ただし、(3)の文頭にある「では」は接続詞で、挨拶《あいさつ》を表す「さようなら」が感動詞です。

17 助動詞とは？

本文41ページ

1 イ・ア

2 (1)百メートルを思いきり走った。

(2)信濃川は、日本でいちばん長い川だ。

(3)午後から雨は上がるそうだ。

(4)私だけ先に行きます。

(5)日記を毎日書かせると、文章力がつく。

3 (1)イ　(2)ウ

4 (1)ア (2)ウ

解説 3 (1)イの「らしい」が推定の助動詞。アは接尾《せつび》語の「らしい」、ウは形容詞「誇《ほこ》らしい」の一部。(2)ウの「ない」が否定（打ち消し）の助動詞。アは形容詞「危ない」の一部、イは補助（形式）形容詞。補助形容詞の「ない」は、「眠《ねむ》たくはない」のように、直前に「は」を入れても意味が通じます。
4 「れる」「られる」の意味を考えるときは、(1)「大声で呼ぶことをされる」、(2)「どんなものでも食べることができる」などのように言い換《か》えてみると判別できます。

18 助詞とは？

本文43ページ

1 イ・イ

2 (1)足が｜疲れ｜た｜から、｜少し休もう。
(2)あなた｜さえ｜よけれ｜ば、｜私｜も｜行きたい。
(3)元気｜を｜出せ｜よ、｜君らしく｜ない｜ぞ。
(4)もう帰りたい｜のに、｜帰れない。
(5)今日、僕｜は｜図書館｜に｜自転車｜で｜行った。

3 (1)イ (2)ウ

4 (1)イ (2)ア

解説 2 (1)「から」は順接の接続助詞、(4)「のに」は逆接の接続助詞です。 3 (2)アは副詞「さすがに」の一部、イは形容動詞「きれいだ」の活用語《ご》尾《び》（連用形）です。

復習テスト2

（本文44～45ページ）

1 （文節）先生に／質問を／する。／
（単語）先生｜に｜質問｜を｜する｜。

2 (1)オ (2)イ (3)カ

3 (1)高校生の兄が 英語の歌を 教えてくれた。
(2)きれいな夜空に、大きくて明るい星が またたいている。

4 (1)イ (2)カ (3)エ (4)ウ (5)ア (6)オ

5 ①未然 ②む ③め

6 (1)もし (2)ぜひ (3)なぜ

7 (1)ア (2)ウ (3)イ

解説 3 (2)「大きくて明るい星が」は三文節の連文節で、この文の主部となっています。
6 (1)は「もし～ば」、(2)は「ぜひ～ください」、(3)は「なぜ～か」のように、副詞とあとの表現が結び付きます。 7 (1)とアの「らしい」は推定の助動詞で、前に「どうやら」を入れることができます。イの「らしい」は接尾《せつび》語。ウの「らしい」は形容詞「わざとらしい」の一部。(2)は助動詞「れる」の識別の問題です。(2)とウの「れる」は「受け身」の意味。アの「れる」は「自発」の意味、イの「れる」は「尊敬」の意味。(3)とイの「ない」は否定（打ち消し）の助動詞。アの「ない」は形容詞。ウの「ない」は形容詞「せつない（切ない）」の一部。

19 詩・短歌・俳句とは？

本文47ページ

1 (1)イ (2)ア

2 (1)B (2)季語（季題）

解説 1 (1)「秋なれば（秋なので）」「～なりて死す（なって死ぬ）」などの表現は文語です。また、行ごとの音数に一定のきまりがないので、自由詩です。
(2)「玻璃《はり》のごとく」は「玻璃のように」という意味で、渚《なぎさ》にうちあげられたくらげを玻璃（ガラス）にたとえています。
2 (1)Bは五・七・五・七・七の三十一音なので短歌です。

20 詩歌の主題を読み取るには？

本文49ページ

1 (1)ウ (2)ア

2 (1)例川を流れていく大根の葉の速さ。

解説 1 (1)「白い馬」は、波の先端《せんたん》、つまり、しぶきをたとえた表現です。
(2)白い波しぶきは、白い馬の群れが駆《か》けていくイメージにつながり、そのイメージは走っていく少年たちの姿につながっていきます。躍動《やくどう》感あふれる情景をうたった詩です。
2 「早さかな」とあるので、葉の流れ去る速さに驚《おどろ》いているのです。葉の動きに、川の流れの速さを感じています。季語は「大根」で、季節は冬です。

21 小説とは？

本文51ページ

(1)（季節）夏　（場所）別荘

(2)（前）言うことをきく

（あと）言うとおり

(3)もやもやといやな気分

解説 (2)・(3)――線部①の次の行「ハムエッグに」から文章の終わりまでは、「ぼく」が朝食のときのことを回想している部分です。「ぼく」は章《あきら》くんの小言を聞いて、章くんのすることや章くんとの関係に初めて疑問を感じたのです。そして、「もやもやといやな気分」になったのです。

22 場面の設定を読み取るには？

本文53ページ

(1)（謙太郎と清人）親子〔父子〕

（真由子と清人）親子〔母子〕

（謙太郎と真由子）夫婦〔夫妻〕

(2)十九歳

(3)（乗っている人）清人

（押している人）謙太郎〔谷口謙太郎〕

(4)イ

解説 (1)この小説は、谷口謙太郎《たにぐちけんたろう》の視点から書かれています。「ひとりっ子の清人《きよと》」という部分から、清人が謙太郎の子供であり、「横を歩く妻の真由子《まゆこ》」という部分から、謙太郎と真由子が夫婦《ふうふ》であることが読み取れます。

(3)「ハンドルに全体重をかけ、まえの車輪を浮《う》かせ」ているのは謙太郎ですから、車椅子《くるまいす》を押《お》しているのは謙太郎で、乗っているのは清人です。

(4)季節や場所を表す部分に着目します。文章の初めの部分に「九月」、文章の終わりに「ＪＲ高円寺《こうえんじ》駅北口のロータリー」とあります。

23 気持ちを読み取るには？

本文55ページ

(1)ウ　(2)ア　(3)イ　(4)明るく

解説 (1)前の部分の「眼《め》は、陽光を反射して明るく光っている瀬《せ》と同じ色をたたえ」に注目しましょう。明るい眼にみなぎっているのは、生き生きとした気力、「精気」です。

(3)「明るく広がる野原」に吹《ふ》いている「微風《びふう》」で、「香《こう》ばしいかおり」がすることから考えましょう。

(4)文章全体から、心平《しんぺい》の生き生きとした様子が伝わってきます。文章中には「明るく」という言葉が二度出てきます。この言葉が当てはまります。

24 状況を読み取るには？

本文57ページ

(1)イ　(2)ア・エ　(3)父はそばに

解説 (1)「客」は、「朝から入れ替《か》わり立ち替わりやって来る他の客と同じ」く、「背広に黒いネクタイを締《し》めて」いました。また、次の段落に「祭壇《さいだん》」ともあります。これらから、少年の家で誰《だれ》かが亡《な》くなって、この客も弔問《ちょうもん》に来たのだと読み取れます。「このたびは、どうも御愁傷《ごしゅうしょう》さまです」という言葉は、お悔《く》やみの決まり文句です。

(2)「迎《むか》えに出た」という表現から、父が、そのひとが誰かすぐにわかったこと、歓迎《かんげい》していることが読み取れます。そのひとを大切に思っていることは、「よう来てくれました……」の言葉や、「うれしそうで、懐《なつ》かしそうだった」などの様子から読み取れます。

(3)父が客に対して「ほな、コレが生まれる前いうことですか」と、少年のことを話しています。

25 気持ちの変化を読み取るには？

本文59ページ

(1)夏休みがきたという気分

(2)4・1・3・2　(3)うらめしそうに

解説 (2)――線部までの文章を丁寧《ていねい》に読み、「不思議だった」→「なんという幸運だろう」→「声はどこか別のところから聞《きこ》えてくるのではないか」→「一郎《いちろう》は……たしかめようとした」という一郎の気持ちの流れを追います。

(3)男の声で、ねらっていた法師蝉《ほうしぜみ》が飛び立ってしまい、法師蝉への期待でふくらんでいた一郎の気持ちは、一気にしぼんでしまいます。「一郎は自分の決断のわるさ」を後悔《こうかい》したのと同時に、取り逃《に》がしたことを残念がっています。その気持ちが「うらめしそうに」という様子に表れています。

26 主題を読み取るには？

本文61ページ

(1)春　(2)こんなにも美しい世界
(3)春子。そう

解説 (2)——線部②と直後の文には倒置《とうち》(倒置法)が使われています。普通《ふつう》の語順に直すと、「目を開いてみれば、こんなにも美しい世界が飛びこんでくるというのに、まるで目を閉じて歩いていたみたいじゃないか。」となることから考えましょう。(3)最後の部分は「私」(春子《はるこ》)が、昔、母が自分を産もうとしていたときの気持ちを想像している部分です。最後の文の「私」は、ここだけ母自身が、自分を語る形になっていて、母の立場になって表現しています。母が「こんなにも色鮮《あざ》やか」な世界への思いを込《こ》めて、「春子」という名前をつけてくれたことに、「私」は気づいたのです。

27 随筆とは？

本文63ページ

(1)休憩所の〜さまぁ」　(2)意外な言葉
(3)礼儀・納得・お客

解説 (1)筆者が何を見たのか、その「光景」が描《びょう》写《しゃ》されている部分はどこからどこまでかを考えます。「意外な言葉だった。」以降は、その光景から感じた筆者の思いについて述べられているので、「光景」の終わりは、「『ごちそうさまぁ』」の最後の四字を書き抜《ぬ》きます。
(2)「ごちそうさまぁ」の直後に「意外な言葉だった」とあります。「ごちそうさまぁ」という言葉を聞いた「私(筆者)」は、「意外な言葉」と思い、「一瞬《いっしゅん》だけ違和《いわ》感《かん》を覚えた」のです。問題文に、答えを五字で書き抜《ぬ》く指示があることに注意しましょう。(3)最後の段落に、「私の内」に起きた「変化」がまとめられています。

28 筆者の思いを読み取るには？

本文65ページ

(1)例海をいちめんに埋めつくしていた流氷が、一個ずつの塊に見えはじめる時。
(2)植物・動物　(3)生態系

解説 (1)初めの一文に「知床《しれとこ》で春を感じるのは」とあるので、この一文の言葉を使って答えます。また、続く「それまで……流氷になる。」の一文は、初めの一文の光景をさらに詳《くわ》しく描写《びょうしゃ》しています。そこで、「強固な一枚の塊だった流氷が、気温の上昇とともに本来の一個ずつの流氷になる時。」のようにまとめた答えも正解です。文末を「〜時(とき)。」という形で答えましょう。(2)——線部①に続く「流氷の中には……魚などの餌《えさ》となる。」の二文に、流氷と自然の生態系との結びつきについて、具体的に書かれています。(3)筆者は最後の段落で、流氷のもつ意味を「生態系」との結びつきという観点から述べています。流氷は「自然の生態系と結びついている」、「生態系の基礎《きそ》となる」と繰《く》り返し、もう一度、「流氷は知床の生態系にしっかりと組み込《こ》まれている」と述べています。

復習テスト 3 (本文66〜67ページ)

(1)ア　(2)なんとなく不可ないもの
(3)イ　(4)想像・黒い大きい
(5)A六　B半島の突端の港町

解説 (1)「村では見掛《みか》けない〜」で始まる段落に「薄《うす》ら寒い春の風」とあります。「薄ら寒い」は「少し寒い」という意味なので、春の初めであることがわかります。
(2)「そうした」という前の部分を指す語があるので、すぐ前の文を読むと、鮎太《あゆた》が冴子《さえこ》に対して、会う前から「なんとなく不可《いけ》ないもの」という印象をもっていたことがわかります。
(3)「両肘《りょうひじ》を張るようにして」という描写《びょうしゃ》に注目します。両肘を張ると、胸も反り、まるで行進しているような姿勢になります。
(4)鮎太は、冴子を「何となく美貌《びぼう》の少女として想像していた」とあります。また、道で会った「黒い大きい眼《め》」の少女を「あのように美しい少女」と思っています。少女は、鮎太の想像にぴったりだったのです。

29 説明的文章とは？

本文69ページ

(1)呼びかけの挨拶
(2)もしもし・すみません　(3)ウ

解説 (1)初めの文「出会いの挨拶《あいさつ》とよく似ていて少し違《ちが》うのが、呼びかけの挨拶です。」に注目します。

(3)――線部のように思った理由を、続く文で、「『すみません』は謝《あやま》る時に使われる言葉だからです」と説明しています。筆者は、第二段落の「聞いた話」から、「すみません」が、呼びかけの言葉に使われていることのおもしろさに、改めて気づいたのです。

30 接続する語句の理解

本文71ページ

(1)ア　(2)ウ　(3)ウ

解説 (1)[①]の前までは「一日・一月・一年」という時間の区切りについて、あとでは「一週間」という時間の区切りについて述べられていて、話題が変わっています。

(2)「そこで、（昔の人々は）……七つの星が回っていると考えました」というのですから、〝地球が中心にあって、そのまわりを回る七つの星〟という考え方のもととなっている七つの星の存在が、理由に当たります。

(3)前の部分に対して、ア「というのは」はその説明へとつなぐ言葉、イ「そうはいっても」は反対の内容へとつなぐ言葉です。[③]のあとは「一日・一月・一年」や「一週間」という暦《こよみ》のでき方に対して、その説明でもないし、反対の内容にもなっていません。ここは、前の内容を受けて、あとのまとめへとつなぐ、ウ「このように」が正解です。

31 指示する語句の理解

本文73ページ

(1)ウ
(2)本をすてるなどということは、奇想天外
(3)ウ

解説 (1)「それに、すこしも抵抗《ていこう》はなかった。」という文なので、どんなことに「すこしも抵抗はなかった」のかと考えます。指示する語句は、直前に述べたことを指す場合が多いので、――線部①の直前から探し、選択肢《せんたくし》の見当をつけます。指示内容を見つけたら、それを指示する語句の部分に代入して確かめる習慣をつけましょう。

(2)――線部②の直前の「いかに軽装版であるにせよ、本をすてるなどということは、奇想天外《きそうてんがい》である」は、本に対する昔の人々の考えです。――線部②は、人々がそのように考えていた時代、ということです。なぜ「奇想天外」とまで思ったのかといえば、第一・二段落で説明されているように、文字そのものをうやうやしい、尊いものと考えていたからです。

32 段落の要点をつかむには？

本文75ページ

(1)①[4]　②[2]　③[3]　(2)イ　(3)[2]

解説 (2)[4]段落の初めの「つまり」に着目しましょう。「つまり」は、前の内容を受けて、補足したり言い換《か》えたりして説明するときに使う語句です。

(3)[1]段落は話題の提示、[2]段落は[1]段落で挙げた勉強法を否定したうえで、脳《のう》科学における事実を挙げ、筆者のおすすめ（主張）を述べています。[3]段落は[2]段落の理由、[4]段落は[3]段落の補足説明という関係です。[3]・[4]段落は、[2]段落の内容の根拠《こんきょ》として述べられていることからも、筆者の最も言いたいことは、[2]段落ということになります。

33 文章全体の構成をつかむには？

本文77ページ

(1)こうして私　(2)①[1]　②[2]から[4]まで。
(3)イ

解説 (1)・(2)[1]段落に「ある一つのもの（商品やサービス）の裏側に、どのような人の仕事が関わっているか」という話題（テーマ）が提示されています。続く[2]～[4]段落には、話題に関する考察が具体例を通して述べられています。そして、[5]段落に「私たちは、日本や世界で働く誰《だれ》かと、知ら

ず知らずのうちにつながっている」という主張・結論が述べられています。2～4段落の内容が5段落の結論を支える根拠《こんきょ》となっていることを押《お》さえましょう。
(3)結論が最後にあるので、尾括型《びかつ》の文章です。

復習テスト4（本文78～79ページ）

(1)刷り込み現象　(2)社会化
(3)例もう社会化が困難、あるいは不可能になる時期。
(4)イ　(5)2から4まで。　(6)5　(7)ア

解説 (2)「それは、犬はどうして人間と特別に親しい関係をもちうるのか、という問題の解答にもなる。」という文全体に着目しましょう。「それ」は、直前の段落で述べられている、「社会化」という幼児期の心的過程を指しています。そして、「社会化」については、4・5段落で〝犬が幼児期に近くにいたものと親しい関係を結ぶこと〟と説明されています。つまり、犬は幼児期に人間と接触《せっしょく》すれば、人間に対する「社会化」がなされるのです。
(6)この文章は、1段落のブルの行動の理由を、犬の「社会化」という観点から2～4段落で考察し、5段落で解き明かしています。筆者の、科学的推測による結論は、最後の文「ブルがいつ……仲間となってしまったのだろう。」に述べられています。
(7)この文章は、1段落でブルの行動という話題の提示、2段落で「幼児体験」「刷《す》り込《こ》み」の説明と「社会化」の紹介《しょうかい》、3・4段落で犬の「社会化」についての説明、5段落でブルの行動についての「社会化」という観点を理由とした説明と結論、という構成になっています。これに合うのはアです。

34 古文とは？

本文81ページ

(1)イ　(2)だんだん　(3)やまぎわ　(4)が

解説 (1)「枕草子《まくらのそうし》」は平安《へいあん》時代中期に清少納言《せいしょうなごん》によって書かれた随筆《ずいひつ》です。
(3)語の初め以外の「は・ひ・ふ・へ・ほ」は「わ・い・う・え・お」と読みます。「山ぎは」の「は」は語の初めではないので、「わ」と読みます。

35 古文の言葉とは？

本文83ページ

(1)①なお　②とびちがいたる　③おかし　④あわれなり
(2)③エ　④ア
〔現代語訳〕夏は夜（がよい）。月の頃《ころ》は言うまでもないが、闇夜《やみよ》でもやはり、蛍《ほたる》が多く飛び交《か》っている（のがよい）。また、ほんの一、二匹《ひき》、ほのかに光って飛んでいくのも趣《おもむき》がある。雨が降る夜も心がひかれる。
秋は夕暮れ（がよい）。夕日が差して山の端《は》にとても近づいた頃に、烏《からす》がねぐらへ行くというので、三、四羽、二、三羽など飛び急いで行くことまでもしみじみと感じる。

解説 (2)「をかし」と「あはれなり」には重なる意味もありますが、「あはれなり」には、普通《ふつう》、「しみじみと感じる」という意味合いが伴《ともな》います。

36 主語や助詞の省略とは？

本文85ページ

(1)ア　(2)が　(3)を
〔現代語訳〕冬は早朝（がよい）。雪が降っているのは言うまでもないが、霜《しも》がとても白いのも、またそうでなくてもたいそう寒い朝に、火などを急いでおこして、炭を持って（廊下《ろうか》を）通っていくのもとても似つかわしい。昼になって、寒さが次第《しだい》に緩《ゆる》んでいくと、火鉢《ひばち》の火も灰が多くなって見苦しい。

解説 (2)「雪の降りたるは」は主語を示す「の」で、「雪が降っているのは」という意味になります。
(3)「火など（を）いそぎおこして」と、対象を示す助詞の「を」が省略されています。

37 係り結びとは？

本文87ページ

1 (1)連体形　(2)已然形
2 (1)（番号）②　（意味）疑問　(2)ウ
〔現代語訳〕そうして、仲間に向かって、「長年思っ

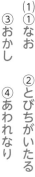

ていたことを、果たしました。(うわさに)聞いていたのよりも勝《まさ》って、尊くいらっしゃいました。それにしても、お参りしているどの人も山に登っていたのは、(山の上に)何事かあったのでしょうか。知りたかったけれど、神様へお参りするのが本来の目的であると思って、山(の上)までは見ませんでした。」と言ったそうだ。

解説 **2** (1)まず、――線部①〜④から、係りの助詞を探します。①と③は「こそ」、②は「か」、④は「ぞ」が係りの助詞です。①③の「こそ」と④の「ぞ」は強調を表す係りの助詞です。②の「か」は疑問か反語を表します。ここでは「何事かあったのでしょうか」という意味なので、②の係りの助詞は疑問を表しています。

(2)――線部③は、法師が心の中で思ったことです。『神へ参るこそ本意《ほい》(　)』と思ひて……」のようにカギでくくれるので、「本意(　)」が文末になります。係りの助詞「こそ」があるので、文末の(　)には已然形《いぜん》の「なれ」が入ります。

38 和歌とは?

本文89ページ

1 Aウ　Bア　Cイ

2 (1)ちはやぶる　(2)降る

3 万葉集

解説 **1** 〔注釈《ちゅうしゃく》〕 A…あなたがいらっしゃるのを待って恋《こい》しく思っておりますと、我《わ》が家の戸口のすだれを動かして秋風が吹《ふ》いております。

B…秋が来たと、目にははっきりと見えないけれども、風の音で(秋が来たと)はっとして気づかされた。

C…道のほとりに清水《しみず》が流れている、柳《やなぎ》の木陰《こかげ》よ。少しの間と思って、立ち止まったのであるが(心地よくて、つい長く休んでしまったよ)。

Aは、恋しい人が来るのを待っている女性が、すだれを動かす秋の風に、その人が来たのではないかと心をときめかせる気持ちを詠《よ》んだ歌。Bは、秋が来たことを風の音で知ったという、繊細《せんさい》な感覚で詠まれた歌。Cは、炎天下《えんてんか》の中、清水のある柳の木陰の心地よい涼《すず》しさを詠んだ歌。

2 〔注釈〕 A…不思議なことが多かったという神の時代でさえも、こんなことは聞いたことがない。竜田川《たつたがわ》に紅葉《もみじ》が浮《う》いて、流れる水を鮮《あざ》やかな紅色に染《そ》めるとは。

B…(桜の)花の色はすっかり色あせてしまったよ、春の長雨が降っている間に。私の容姿も衰《おとろ》えてしまったよ、物思いにふけっている間に。

(1)「ちはやぶる」は「神」という語を導き出す枕《まくら》詞《ことば》です。

39 漢文とは?

本文91ページ

1 (1)①訓読文　②書き下し文

(2)威を借る

2 (1)③②①　(2)①②⑤③④

(3)⑥①④②③⑤

解説 **1** (2)「二」の付いた「威《い》」を読んでから、「一」の付いた「借」を読みます。漢字の右下にある送り仮名《がな》は平仮名で書きます。

2 それぞれの書き下し文は、(1)「暁《あかつき》を覚えず」、(2)「古人寸陰《すんいん》を惜《お》しむ。」、(3)「能《よ》く狗《く》盗《たう(トウ)》を為《な》す者有り。」となります。

40 「絶句」と「律詩」の違いは?

本文93ページ

(1)ア　(2)起・承・転・結　(3)鳥・少

解説 (1)まず、「四句(四行)＝絶句」か「八句(八行)＝律詩」かをしっかり確かめましょう。あとは一句の文字数が五か七かで決まります。この漢詩は一句が五字で、四句から成るので、アの五言絶句です。

(3)「暁(gyô)」と音《おん》の響《ひび》きが似た漢字は、「鳥(tyô)」と「少(syô)」です。押韻《おういん》(韻を踏《ふ》む)の位置は、原則として、五言詩(五言絶句・五言律詩)は偶《ぐう》数句の末尾《まつび》、七言詩(七言絶句・七言律詩)は第一句と偶数句の末尾と決まっています。ただし、この「春暁《しゅんぎょう》」は原則外で、五言詩ですが、第一句と偶数句の末尾で押韻しています。

41 「子曰はく」はどんな意味？

本文95ページ

1 (1)イ　(2)ウ　(3)エ　(4)ア

2 (1)例（礼〈礼儀《れいぎ》作法〉に合わないことは、）言ってはいけない。

(2)例 何と楽しいことではないか。〔とても楽しい。〕

3 イ

解説 1〔書き下し文と意味〕

(1)学びて思はざれば則《すなは》ち罔《くら》し。〈「而」は読みません。〉（学習しても、それをよく考えなければ、理解があやふやになる。）

(2)己《おのれ》の欲《ほっ》せざる所は、人に施《ほどこ》すこと勿《な》かれ。〈「於」は読みません。〉（自分がしてほしくないことは、人にしてはいけない。）

(3)学びて時に之《これ》を習ふ、亦《また》説《よろこ》ばしからずや。〈「而」は読みません。〉（学んで機会があるごとに、これを復習して身につけることは、何とうれしいことではないか。）

(4)子《し》曰《い》はく、「吾《われ》十有五にして学に志す。」と。〈「而」「于」は読みません。〉（先生が言われるには、「私は十五歳《さい》で学問を志した。」と。）

2 (1)「勿《な》かれ」は禁止の意味を表します。

(2)「亦《また》〜ずや」は詠嘆《えいたん》の意味を表します。

3 『論語《ろんご》』は、孔子《こうし》の言葉や弟子《でし》たちとの問答などを記録したものです。したがって、「子（先生）」は孔子を指します。

復習テスト5

（本文96〜97ページ）

1 (1)イ　(2)かみなづき〔かんなづき〕　(3)が

2 (1)はずさせたもうな〔はずさせたまうな〕　(2)イ

3 (1)学を好む者有り。　(2)百聞は一見に如かず。

4 (1)五言律詩　(2)対句　(3)ウ

5 ア

解説 1〔現代語訳〕陰暦《いんれき》の十月頃《ごろ》、栗栖野《くるすの》という所を過ぎて、ある山里に訪ねて入っていったことがございましたが、ずっと遠くまで続いている苔《こけ》の生えた細道を踏《ふ》み分けていくと、ものさびしい様子で住んでいる粗末《そまつ》な小さな家がありました。

(3)省略されている助詞を補うと、「いほり（が）あり」となります。

2〔現代語訳〕（那須《なすの》）与一《よいち》は目を閉じて、「（中略）もう一度本国（故郷）へ帰そうとお思いになるならば、この矢を外させないでください。」と心で念じながら、目を開いて見ると、風も少し収まり、扇《おうぎ》も射やすくなっていた。

(2)「扇も射よげにぞ」の「ぞ」は、係りの助詞です。文中に係りの助詞「ぞ」があると、文末は連体形になります。

4〔現代語訳〕戦乱で国の都は破壊《はかい》されたが、自然は昔のままだ。／城壁《じょうへき》で囲まれた町にも春が来て、草木が生い茂《しげ》っている。／乱世に悲しみを感じては花を見ても涙《なみだ》を流し／家族との別離《べつり》を恨《うら》めしく思っては鳥の声にも胸をつかれる。／戦いを知らせるのろしは三か月も続き／家族からの手紙は万金《ばんきん》に値《あたい》する。／白髪《しらが》頭をかくたびに髪《かみ》は抜《ぬ》けて少なくなり／冠《かんむり》を留めるかんざしを挿《さ》すこともできないほどだ。

(1)一句（一行）が五字で、八句から成るので、五言律詩です。

(3)「深《しん》」「心《しん》」「簪《しん》」（「sin」）と音《おん》の響《ひび》きが似ているのはウの「金《きん》」（kin）です。

5 この和歌は、東の空に夜明けの光が差し始め、西には月が沈《しず》もうとしている雄大《ゆうだい》な風景を詠《よ》んだものです。